はじめてでも できてしまう 科学英語 プレゼン

Story / Slides / Script / Speaking / Stage

5Sを学んで、いざ発表本番へ

著 Philip Hawke，太田敏郎

【注意事項】本書の情報について─────────────────────────
　本書に記載されている内容は，発行時点における最新の情報に基づき，正確を期するよう，執筆者，監修・編者ならびに出版社はそれぞれ最善の努力を払っております．しかし科学・医学・医療の進歩により，定義や概念，技術の操作方法や診療の方針が変更となり，本書をご使用になる時点においては記載された内容が正確かつ完全ではなくなる場合がございます．また，本書に記載されている企業名や商品名，URL等の情報が予告なく変更される場合もございますのでご了承ください．

はじめに

　この本は，**はじめて英語で研究発表をするすべての人**を対象にしています．私が静岡県立大学で教えている理系の大学院生と大学生のため，そして同僚の太田敏郎先生と一緒に指導する機会があった静岡県内の高校〔スーパーサイエンスハイスクール指定校（SSH指定校）〕の学生のために開発してきたワークショップ形式のプレゼンテーション講義を本の形にまとめたものです．日本人理系学生の大部分は修士課程や博士課程の間に本格的な学会においてはじめて英語での研究発表をしますが，最近では大学生のときに発表する人もどんどん増えています．私は，そうした学生の皆さんが効率的な英語プレゼンの特徴を簡単に理解し，さらにそれを自分のプレゼンにすばやく無駄なく応用するのに役立ててもらえるようにと思ってこの本を執筆しました．この本の最初にお見せする模範プレゼンは，高校生にも簡単に理解できるようにデザインされています．

　この初心者向けの入門書は，科学英語プレゼンで使われている最も基本的で広く応用できる表現とテクニックだけをご紹介しています．この入門書は，はじめてプレゼンをする読者のために，その作業をいくつかの工程（プロセス）に分けて1歩ずつ進める手引き書として使えるようにデザインしてあります．それが**5Sプロセス（Story, Slides, Script, Speaking, and Stage）**を中心とする本の構成に反映されています．プレゼンの「科学的な筋書き」（Story）を特定の相手に合わせてはっきり伝えるためにはどう工夫したらよいかを強調している点がこの本のユニークな特徴です．私の経験では，これが未熟なプレゼン初心者の最大の弱点の1つなのです．

　一方，この本には**ランダムアクセスマニュアル**という側面もあります．1つ1つのセクションが自己完結しているので，より経験豊富な読者の皆さんも自分のプレゼンの特定部分を改善するために必要なセクションだけを気軽に選んで読むことができるようになっています．その結果として複数のセクションにおいてある程度類似した記述が繰り返し出てくる点は避けられませんでしたが，最初から最後まで順を追ってこの本を読んでくれる読者の皆さんにとって，この「ランダムアクセス」方式が邪魔にならないことを願っています〔もっと上級者向けの詳しい解説が必要な方は，

Robert Whittier先生との共著「日本人研究者のための絶対できる英語プレゼンテーション」（羊土社，2011）をご覧ください〕

　この本には**スピードチェック**の章も用意してあります．ほとんど時間の余裕がない人でも，「スピードチェック」の章のアドバイスだけを応用することで自分のプレゼンを大幅に改善することができるはずです．

　この本は，若い読者の皆さんでも簡単に理解できるようにという意図をもって執筆したので，仮説の検証・学術論文・文献レビュー・引用文献の利用といったような基本的な科学的概念を具体例ではっきり伝えようと努めました．この本でご紹介する上級者向けの科学的な工夫やテクニックの一部を若い読者の皆さんが自分のプレゼンに応用するのに役立ててもらえるように，ガイド形式の *"LET'S PRACTICE!"* も加えました．一方で，読者の多くはまだ若くて経験も不足しているので，年長の研究指導者（教員や教授）のもとで研究発表の研究面を推し進めるのが普通でしょうから，この本では研究内容や実験そのものの展開を取り扱うことはしていません．そうした研究の進め方を取り扱っている素晴らしい本はたくさん出版されています．

　この本の執筆をサポートしてくれた数多くの皆さんに感謝の意を表したいと思います．有益なフィードバックを提供してくれた静岡県立大学薬学部と静岡県内の高校の教員や学生の皆さん，科学的なアドバイスと素晴らしい翻訳をしてくれた太田先生，有益で理解ある編集サポートをしてくれた羊土社編集部の冨塚達也さんに感謝致します．模範プレゼンのビデオで素晴らしいパフォーマンスを見せてくれた「橋本花子」さん，平井勇祐さん，匿名希望の「質問者2」さんに特別に謝意を表します．この3人のよいお手本に刺激を受けて，読者の皆さんが高いクオリティの研究発表をすることができることを願っています．

2018年10月

Philip Hawke

共著兼翻訳者より

　この本は，はじめて科学英語のプレゼンをする人，特に学生向けのわかりやすい入門書を目指し，2人で内容について議論を重ねながら新たに執筆したものです．私たちが高校で科学英語プレゼン研修の指導を一緒にしてきた経験に加えて，静岡県立大学でそれぞれが大学院生・大学生の科学英語講義や研究指導をしてきた経験も生かされています．

　どんな研究発表をするにしても，初めにまず研究の方向性をしっかりと定め，そのうえでよい実験結果を得るために努力を積み重ねることが最も重要です．その点は高校の教員や大学の指導教員としっかり話し合って研究を進めてください．それができて発表の形が見えてきたら，その後はこの本の手引きに従ってもらえれば自分で納得できるプレゼンができるはずです．

　この本の発刊にあたり，共著兼翻訳者として私に声をかけてくれたホーク先生にまず感謝の意を表したいと思います．また，ホーク先生と同様に，静岡県立大学および指導する機会をいただいた高校の教員や学生の皆さんにも感謝致します．そして，執筆中に不便な思いをさせてしまった家族にもこの場を借りて謝罪と感謝の気持ちを伝えたいと思います．

　英語でプレゼンするのは心理的なハードルが高くて大変だと思いますが，しっかりとしたスライドと原稿を作って何度も練習し，万全の体制で発表本番に臨んでください．そのために何をすべきか，要点をわかりやすく伝えられていれば幸いです．この本が皆さんのお役に立つことを心から願っています．

2018年10月

太田敏郎

Contents

PartA 9

Model Presentation
模範プレゼン
いいプレゼンの特徴を知ろう ………… 10

Speed Check
基本チェックリスト
予習とスピードチェック ……………… 17

PartB 23

Story 1
❶ 筋書き（1）
**研究の「筋書き」を
しっかりと伝えよう** ………… 24

1.1 科学プレゼンとして
    基本的な要素を揃えよう
1.2 視野を広げて研究の話を科学や
    社会全体の問題と関連付けよう
1.3 話の主要「登場人物」を
    覚えやすく，区別しやすくしよう
1.4 自分を登場人物として
    出演させよう
1.5 できるだけ聞き手に興味をもって
    もらえるような説明にしよう

Slides
❷ スライド
**無駄なく簡単にできる順番で
つくろう** ……………… 34

2.1 目的スライドをつくろう
2.2 結果スライドをつくろう
2.3 結論スライドをつくろう
2.4 タイトルスライドをつくろう
2.5 方法スライドをつくろう
2.6 背景スライドをつくろう
2.7 つくったスライドのデザインを
    チェックしよう

Script
❸ 原稿
**無駄なく簡単なスタイルで
原稿を書こう** ……………… 55

3.1 できるだけ短くて
    明確な表現を使おう
3.2 プレゼンのパート間の区切り
    （スライドの種類）を
    はっきりさせよう
3.3 情報源を明示しよう
3.4 学術論文を読み慣れていても，
    形式張った「書き言葉」表現を
    口頭でのプレゼンに
    もち込むことは避けよう
3.5 原稿を作成するときは，
    できるだけ簡単で明確な文法で
    書こう
3.6 作成したスライドから文章形式
    （SVO）のスライドタイトルや他
    の要約文を原稿にコピペしよう

3.7 慣れない間は，スライドタイプに応じて標準的に使われている一番簡単な表現を使おう

3.8 タイトルスライドの原稿

3.9 背景スライドと考察スライドの原稿

3.10 目的スライドの原稿

3.11 方法スライドの原稿

3.12 結果スライドの原稿

3.13 結論スライドの原稿

Story 2

❹ 筋書き（2）

話しかける相手に合わせて研究の筋書きをはっきり説明しよう ………… 76

4.1 プレゼンする場にどんな人が聞きにくるのか調べておこう

4.2 予想される来場者が既に自分の研究分野についてどれだけ詳しく知っているか，慎重に検討しよう

4.3 専門家ではない人に対しては，データを少なくして背景説明を多くしよう

Speaking

❺ 発音

単語の発音や文章の強調単語を確認しよう ……………… 86

5.1 プレゼンしている最中に少し遠くからでもすぐに読めるように原稿の書式を整えよう

5.2 原稿に書いてある単語の正確な発音をチェックしよう

5.3 それぞれのスライドの意味をはっきりさせる単語を強調しよう

5.4 原稿を暗記しよう

Stage

❻ プレゼンのための表現力と質疑応答

親しみやすく熱意を込めて
……………………………… 103

6.1 表現力の練習を始める前に原稿を確実に暗記しよう

6.2 実際の発表会場にできるだけ近い条件で練習しよう

6.3 練習している自分の姿をビデオに撮ろう

6.4 聞き手と上手に意思疎通しよう

6.5 レーザーポインタを上手に使おう

6.6 質疑応答セッションで出てくる質問をちゃんと聞きとれるように，できるだけ前もってリスニングの練習を始めておこう

6.7 質疑応答で聞かれそうな質問を前もって想定しておこう

6.8 質疑応答「サバイバル術」を練習しよう

6.9 自分自身を上手にプレゼンしよう

付録 …………………… 117

索引 …………………… 123

サポートのご案内

- 本書では模範プレゼンの動画とさまざまな参考資料データを提供しています．

- 動画や参考資料データは，該当ページの **QRコード** を読み込むことによってお手持ちの端末でご覧いただけます．

  > QR コードのご利用には専用の「QR コードリーダー」が必要となります．
  > お手数ですが，各端末に対応したアプリケーションをご用意ください．
  > ※ QR コードは株式会社デンソーウェーブの登録商標です

- また，羊土社ホームページの **特典ページ** からも動画および参考資料データをご覧いただけます（特典ページへのアクセス方法は以下をご参照ください）

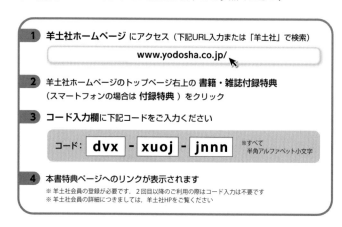

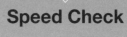

Part A

Model Presentation

Speed Check

Part A

模範プレゼン
いいプレゼンの特徴を知ろう

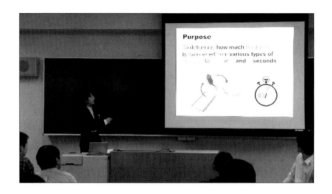

　自分のプレゼンを作成する前に，いいプレゼンがどのようなものなのかをまず感覚的に掴んでおくことが大事です．そこで，短い研究発表の基本的な要点のすべてを明確にかつ簡単にわかってもらうために，プレゼンの模範例をつくってみました．下のQRコードを使って，スマホやタブレットからWeb上のビデオ*をご覧ください．

＊：このビデオは，羊土社ホームページのこの本専用ページからコンピュータを使って見ることもできます（p.8 参照）．

| Model Presentation | Speed Check |

❶ Story 1　❷ Slides　❸ Script　❹ Story 2　❺ Speaking　❻ Stage

　この模範プレゼンを見ながら，いいと思う点や変えたらもっとよくなる点を考えてみてください．この2つの課題について，それぞれ **Part A 基本チェックリスト**でもう少し詳しく，**Part B「プレゼンをつくろう」**でさらにもっと詳しく，これからご説明します．その前に，模範プレゼンを見ながら以下の質問への答えを考えてみてください．

1. このプレゼンはわかりやすい？　おもしろい？
2. スライドは見やすい？
3. 演者の声は聞きとりやすい？
4. 演者が話している言葉がはっきりと理解できる？　文章が1つ1つ理解できる？
5. 演者は聞き手と上手に意思疎通している？
6. 自分の研究を楽しそうに話しているように見える？

この模範プレゼンで使われている実験は本物じゃないので，その点は注意してね！このプレゼンは，高校生から大学院生までのみんなにわかってもらいやすいようにデザインしてあるんだ．だから，「理想的なデータ」を実験せずにつくり上げているんだよ．でも，実験のベースとして引用した背景研究は本物だから，Webで検索すればもっと詳しい情報を見つけることができるよ＊．興味がある人は，ここでデザインした実験を自分で実際にやってみて，その結果を教えてね！

＊：P. Dawson, I. Han, M. Cox, C. Black, L. Simmons : Residence time and food contact time effects on transfer of *Salmonella Typhimurium* from tile, wood and carpet: testing the five-second rule. *Journal of Applied Microbiology* **102** : 945-953. 2007.

https://onlinelibrary.wiley.com/doi/abs/10.1111/j.1365-2672.2006.03171.x

Part A

花子さんは静岡県立大学の理系学部*の4年生．英語が大好きで，英語の講義を熱心に受講してるんだって．海外旅行にも何度か出かけてるけど，帰国子女じゃないらしい．英語を熱心に勉強している日本人の理系学生ならほとんどの人が自分の力で同じようなハイクオリティのプレゼンをつくることができるはず．花子さんのプレゼンをエンジョイしてね！

*：模範プレゼンの研究室名は仮称です．静岡県立大学に「細菌学研究室（Laboratory of Bacteriology）」はありません．

模範プレゼン
"The '3-second rule' is not true" : Hanako Hashimoto, University of Shizuoka

(「3秒ルール」は間違っている　静岡県立大学　橋本花子)

Chairperson : Good afternoon. Thank you all very much for coming to this session. I'm the chairperson, Yusuke Hirai. Our first speaker is Hanako Hashimoto from the University of Shizuoka. The title of her presentation is "The '3-second rule' is not true". Ms. Hashimoto, please begin.

座長：みなさん，こんにちは．このセッションにご参加いただき，大変ありがとうございます．私が座長を務めます平井勇祐です．最初の演題は，静岡県立大学の橋本花子さんによるご発表で，演題は『「3秒ルール」は間違っている』です．では，橋本さん，発表お願いします．

Slide 1

The "3-second rule" is not true

Hanako Hashimoto, Satomi Sato, Taro Takahashi
Laboratory of Bacteriology
School of Pharmaceutical Sciences
University of Shizuoka, Japan

Speaker : Thank you very much, Dr./Mr./Ms. Hirai. Good afternoon. I'm very happy to have a chance to tell you about our recent study, which showed that the well-known "three-second rule" is not true.

演者：平井先生/さん，ご紹介大変ありがとうございます．皆さん，こんにちは．われわれの最新の研究，皆さんもよくご存知のいわゆる「3秒ルール」が間違いであることを示した研究について，お話しする機会を与えていただき，大変ありがとうございます．

模範プレゼンのスライド（カラー版）はWebで見ることができます．カラーを使うとたくさんの情報を示すことができるので，模範プレゼンで勉強するときにはこちらのカラー版を使うことをお勧めします．

Slide 2

The "three-second rule" is well known in Japanese popular culture. It's the idea that, if you drop some food on the floor, it's still safe to eat it if you pick it up within three seconds, because the germs don't have time to get onto it. But we wanted to know, "Is it true?" Does something like this really happen?

このいわゆる「3秒ルール」は一種の都市伝説として日本で昔からよく知られているものです。これは、床に食べものを落としても、3秒以内であればバイ菌がくっつく時間がないから、まだ拾って食べても安全、という考え方です。しかし、われわれは「本当にそうなのか？」確かめようと思いました。こんなこと、本当に信じていいのでしょうか？

・・・以下略・・・

プレゼンのフルバージョンの原稿は付録（p.118〜）でご覧ください。
プレゼンのフルバージョンの原稿で日本語訳付、スライド付のものが必要な場合は右のQRコードから入手してください。

Part A

さて，みんなは花子さんのプレゼンについてどう思ったかな？ とても上手だったでしょ？ 次の基本チェックリストでは，花子さんのプレゼンがとても上手だった基本的な理由を説明するね．それじゃあ，1つ1つ見ていこうか．

　この模範プレゼンは，皆さんが実際の学会などで見聞きするような典型的なプレゼンよりも少し「楽しく」つくってあります．専門家ではない人を相手にプレゼンする場合は，こんな感じのプレゼンで OK です．

でも，学会などで専門家を相手にプレゼンする場合は，もっと「真面目な」プレゼンのほうがいいでしょう．この模範プレゼンのもっとフォーマルな追加版をつくってあるので，右の QR コードを使って Web でご覧ください．

Bacterial exposure time does not significantly affect the amount of bacteria transferred

Hanako Hashimoto, Satomi Sato, Taro Takahashi
Laboratory of Bacteriology
School of Pharmaceutical Sciences
University of Shizuoka, Japan

Speed Check

基本チェックリスト
予習とスピードチェック

　さて，いいプレゼン例をお見せしたからには，Part B でお話する詳しいアドバイスも早めに手短にご紹介しておきたいと思います．以下のチェックリストは，いいプレゼンの最も基本的な特徴をまとめたものです．自分のプレゼンを準備していて，Part B の手順に 1 つずつ従っていく時間がなければ，このリストを使って少なくとも基本的なミスを犯していないかどうかだけでも確かめてください．個々の項目に関して自分のプレゼンが OK かどうか確認したら，☑を入れてください．このチェックリストを使って，自分のプレゼンを同じ研究グループの仲間に評価してもらうこともできます（なお，➡以下はもっと詳しい情報が書いてあるセクションを示しています．例えば➡ B 1.2.3 は，Part B 第 1 章セクション 2 サブセクション 3 という意味です）．

Part A

1. 聞き手がどんな人でプレゼンのテーマについてどれくらい知っているか考えた？

☐ a. 研究の「筋書き」をしっかりと伝えた？　➡ B 1

☐ b. 話しかける相手に合わせて研究の筋書きをはっきりと説明した？　➡ B 4

2. スライドは準備 OK ？

☐ a. すべてのスライドに画像かデータがある？　➡ B 2.6.3

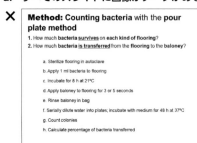
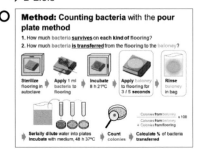

☐ b. 画像は見やすい？　➡ B 2.7.1　文字は読みやすい？　➡ B 2.7.2

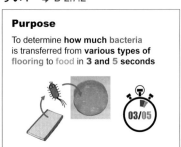

☐ c. スライドのタイトルに重要なポイントをはっきりと要約した？（短い文章 SVO がベスト）　➡ B 2.2.5, 2.6.5

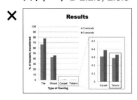
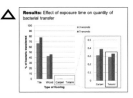
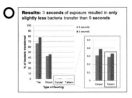

| Model Presentation | Speed Check |

❶ Story 1　❷ Slides　❸ Script　❹ Story 2　❺ Speaking　❻ Stage

3. 原稿は準備OK？

☐ a. 短く明確な表現を使った？　➡ B 3.1

　　✗ We sought to elucidate the possibility that X affects Y.
　　○ We wanted to know if X affects Y.

☐ b. 言葉遣いはOK？　➡ B 3.5.3　eow.alc.co.jp でチェックしよう

　　✗ These are our experimental effects.　（実験影響）.
　　○ These are our experimental results.　（実験結果）

☐ c. 文法はOK？　➡ B 3.5.3

　　✗ This is our results.
　　○ These are our results.

4. 発音はOK？　m-w.com でチェックしよう

☐ a. キーワードの発音はOK？　➡ B 5.2.6

　　glycogen　✗グリコーゲン
　　　　　　　○グライコジェン

☐ b. キーワードのアクセントはOK？　➡ B 5.2.6

　　glýcogen　✗グリコーゲン
　　　　　　　○グ**ライ**コジェン

☐ c. 違いを際立たせる言葉を強調した？　➡ B 5.3

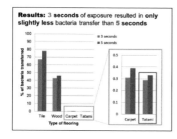

Results: 3 seconds of exposure resulted in only slightly less bacteria transfer than 5 seconds

Three seconds of exposure resulted in only slightly less bacteria transfer than five seconds.

5. 表現の仕方は OK？

☐ a. 原稿を読んでない？　➡ B 5.4, B 6.1

✗ 　○

☐ b. アイコンタクトは上手？　➡ B 6.4.3

✗ 　○

☐ c. 話し方は聞きやすい？　➡ B 6.4.1

✗ 　○

☐ d. 熱意を込めている？　➡ B 6.4.4

✗ 　○

さあ，これでいいプレゼンの基本がわかったかな．これからPart Bでこうした1つ1つのポイントについてもっと詳しく説明するからね．ここからはみんなが自分でプレゼンをつくる番だよ！

Part B

Story 1
⋙
Slides
⋙
Script
⋙
Story 2
⋙
Speaking
⋙
Stage

Story
❶ 筋書き(1)
研究の「筋書き」をしっかりと伝えよう

　われわれは皆，筋書きのあるドラマが大好きです．情報をドラマの形で見せられると，わかりやすい，記憶に残りやすいと思うものです．科学や研究と言われて筋書きのあるドラマを思い浮かべる人は普通いないでしょう．普通は，事実の積み重ねや実験などを思い浮かべるはずです．でも，すべての研究の背後にはドラマが存在するのです．例えば，どうしてその研究をはじめようと決意したのか，どんな経験をしたのか，どんな新発見をしたのか，そうした新発見が未来の科学研究や社会の姿にどんな影響を与えるのか，といったドラマが，皆さんの研究にも何か特別なドラマがあるはずです．そのドラマをおもしろくプレゼンすることで，聞いている人がその研究をわかりやすい, 記憶に残りやすいと感じて，自然に興味をもってくれるようになるはずです．

　この章では，研究の基本的な筋書きを上手に伝える方法をお教えします．後の B4 筋書き(2) で皆さんの研究の話にまた戻って，聞き手のタイプ別にわかりやすく伝えるためのお手伝いをします．まずは基本的な筋書きからはじめましょう．

☐ 1.1　科学プレゼンとして基本的な要素を揃えよう

　ここで言う基本的な筋書きは，特にワクワクしたりドラマチックであったりする必要はありません．研究している間に実際に経験した事柄を単に記述するだけで基本的な構成ができあがります．

　研究の話には，「他の研究グループによる先行研究」「自分の研究グループ（例えば先輩）が行った先行研究」「これからプレゼンする研究課題の目的」「方法」「結果」「考察」「今後の展開」という基本的な項目を入れましょう．

1	他の研究グループによる先行研究	われわれが興味をもっているこのテーマの一部について他の研究グループがすでに研究を実施しており，いくつか興味深いことを見出している．
2	自分の研究グループ（例えば先輩）が行った先行研究	われわれの研究グループも関連した研究をすでにある程度実施し，他にもいくつか興味深いことを見出しており，さらに詳しく解明したいと考えた．
3	これからプレゼンする研究の目的	この研究のため，このテーマについてこのような新しい疑問をもった．
4	方法	この疑問に答えを出すため，われわれはいくつか実験を行った．
5	結果	実験からいくつか結果が得られた．
6	考察	得られた結果を検討し，最初の疑問に対する答えになっているかどうか，先行研究との関連はどうなのか，そしてなぜ重要と考えられるのか，について考えた．
7	今後の展開	この研究で見出した答えを，どのようにして今後の課題に向けた疑問や構想のアイデアにつなげていけるのかについて検討した．

　ここに示した手順に従って研究の筋書きを伝える具体的なやり方については，**B2 スライド**と **B3 原稿**の章で詳しくまた見ていきます．今はまず筋書きについて考え始めることが大事です．

1.2　視野を広げて研究の話を科学や社会全体の問題と関連付けよう

　科学プレゼンの初心者がよくやる間違いは，**自分の研究がなぜ重要なのかを聞き手にはっきりと伝えない**ことです．そうするための一番簡単な方法は，**視野を広げて自分の研究を科学や社会全体の問題と関連付けて考える**ことです．そのために，科学的興味と具体的応用例を自分自身に問いかけてみましょう．

- **科学的な課題**：この研究は，どんなおもしろい（あるいは難しい）**科学の謎**を解き明かすのに役に立つ？
  世界についてのわれわれの理解や知識をどのように深めてくれる？
- **実用的インパクト**：この研究は社会にどんな**現実的な影響**を与える？
  どのように**普通の人の生活を変える**？
  会場にいる人たちの生活は？

> この最後の質問は特に重要だね．聞き手の1人1人に訴えかける一番簡単な方法は，自分の研究を相手の生活に直に結びつけることだから．どんな人が聞いてくれているのか，よく考えてみよう．その人たちの立場になって世の中のことを見直してみよう．どんな暮らし方をしている？　自分の研究が相手の生活にどんなインパクトを与えられる？　聞き手についてはB4 筋書き(2) でもっと詳しく取り上げるよ．

次に,さまざまな研究テーマでこの2つの質問にどうやったら答えが出せるのか,例を挙げてご説明します.

研究テーマ	科学的な課題	実用的インパクト
5秒ルールの検証	細菌がどんな床表面に多く移るかを決める	このルールが本当かどうか普通の人に知らせる.食中毒を防ぐ
特定のがんに効く治療薬の開発	特定のがんの複雑な発症メカニズムを理解する	特定のがんを治療する.がん患者の命を救う
バッテリー性能の改善	特定の元素の化学的性質が電気エネルギーの貯蔵にどのような関連があるか理解する	エネルギーの無駄を省く.環境を保護する

LET'S PRACTICE! 1.2

質問の答えを考えて,自分の研究課題の情報を下の表に書き込もう.

研究テーマ	科学的な課題	実用的インパクト

がん治療や環境保護のように，普通の人の生活に密接に関連している研究の話もあり，それには普通の人も当然興味を示すでしょう．でも，筋書きや聞き手のことを入念に検討すれば，どんな研究課題でもおもしろい話になる可能性があります．➡ **1.5** で自分の話をもっとおもしろくするための方法について詳しくご説明します．

☐ 1.3　話の主要「登場人物」を覚えやすく，区別しやすくしよう

日々のドラマにも科学のドラマにも構成があるのとまったく同様に，どっちのドラマにも**登場人物**が存在します．普通，日々のドラマでは登場人物がイメージしやすく（「**ジョン**が**マイク**を押した」），科学のドラマにおいても時にそれは同じです（「**ライオン**が**シマウマ**を食べた」）．でも，多くの場合に科学のドラマに出てくる概念ははるかに抽象的です（「**アスピリン**が**痛み**を和らげた」，「**インシュリン**が**血糖値**を下げた」，「**高血圧**が**心臓発作**を引き起こす」）．それでも，聞き手にとってわかりやすく覚えやすくなる具体的イメージを与えることで，科学の抽象概念もドラマの「登場人物」として取り扱うことができます．ここではそのための方法をいくつかご説明します．

☐ 1.3.1　1つ1つの物体や概念に，覚えやすくてシンプルなイメージをつくって可視化しよう．

右上の目的スライド（Purpose）では，細菌は漫画のキャラとして描かれ，「3/5 秒ルール」という抽象的な概念はその秒数が表示されたストップウォッチとして描かれています．右下の結論スライド（Conclusion）では，同じイメージ（＝ 写真やイラストなど）を見せることで，聞き手がこうした概念を思い出すことができます．

Purpose

To determine **how much** bacteria is transferred from **various types of flooring** to **food** in **3 and 5 seconds**

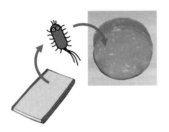

Conclusion

Both the **"5-second rule"** and the **"3-second rule"** are wrong.

Tatami and carpet are safer than tile and wood, but still not safe.

Unwashed hands can carry much more bacteria than flooring.

The **"3-second rule"** is not true.

Eat at your own risk!
Wash your hands!

- [ ] **1.3.2 鍵になる物体や概念を複数のスライドで繰り返し使うなら，特定のカラーを割り当てよう．**カラーというのは1枚のスライドのなか(そしてプレゼン全体)で複数の項目の間の関係を示すためのとても強力な

ツールです．前ページの目的スライドでは，細菌が赤，「3秒」が濃い青，「5秒」が薄い青で示されています．プレゼン全体でもそれぞれ同じカラーが使われています．　➡ **2.2.3, 2.2.4** でもっと詳しくご説明します．

☐ 1.4　自分を登場人物として出演させよう

　学術論文や教科書は研究者よりも研究に焦点を当てることが多いので，動詞は受動態がよく使われます（The experiment was done in three steps）．でも，科学的プレゼンを英語で行うときは普通，人間味を与えておもしろくするために話のなかに研究者も登場させます．動詞の能動態を使うことで（We did the experiment in three steps），研究者を自然な形で話のなかに登場させることができます．

　原点，挑戦，感情というトピックを盛り込むことで話がさらに人間味のあるものになります．

- **原点**：どのようにしてこのテーマに最初に興味をもったのでしょう？
- **挑戦**：研究課題に取り組んでいる間に克服する必要があった印象に残る苦労話はありませんか？
- **感情**：自分の研究にワクワクしていますか？
  苦労話があれば，それを乗り越えたときにどんな気持ちでしたか？
  おもしろい結果が得られた人は，そのときどんな気持ちでしたか？

　個人的な情報を入れ過ぎても逆にふさわしくない場合があるので注意しましょう．発表の場が形式張ったものであればあるほど，個人的な情報は少なくしてください．

1.5 できるだけ聞き手に興味をもってもらえるような説明にしよう

　ここでは，聞き手にもっと興味をもってもらえるようなプレゼンにする方法についていくつかご紹介します．

☐ **1.5.1　アニメーションや動画を実験経過の説明に使おう．** プレゼンで話す重要な物体や概念をすべて写真やイラストなどで表すようにしましょう．Microsoft 社の PowerPoint などの機能を使ってそれにアニメーションを入れたり，実験の様子を動画で見せたりすることなどで，もっと興味をもってもらえるようにすることができます．プレゼンをビジュアル化すればするほど，聞き手はもっと興味をもってくれます！（➡ 1.3.1 も参照）

☐ **1.5.2　研究グループのメンバーを写真で紹介しよう．** 発表の舞台がそれほど形式張ったものでなければ誰がどの実験をしたかなどの解説を加えながら研究グループのメンバーを手短に紹介しよう．人の写真を見るのが嫌いな人はいないはずです！

1.5.3 笑いの要素を入れよう．
発表の舞台がそれほど形式張ったものでなければ，試しにちょっとした冗談や余談をプレゼンに入れてみましょう．笑いが嫌いな人はいないはずです！

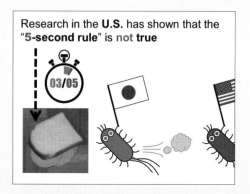

Research in the US on the "5-second rule" showed that the rule is not true. It seems that Americans let their food sit on the floor for two seconds longer than we Japanese do. Maybe our germs are faster than theirs!

アメリカにおいて「5秒ルール」についての研究がなされており，このルールが間違いであることが示されていました．おもしろいことに，アメリカ人は私たち日本人よりも食べ物を2秒長く床に置いたままにするようです．もしかしたら，アメリカのバイ菌は日本のバイ菌よりも動くのが遅いのかもしれませんね！

英語文化圏では，人前で話すときに冗談を言って場を和ませるのは自然なことで，それは科学プレゼンでも同じだよ．ただし，日本語でプレゼンするときは注意しようね．プレゼンを英語でするときは笑いをとってもOK，日本語でするときは自己責任で！

LET'S PRACTICE! 1.3~1.5

自分の研究課題について考えてみよう．PowerPointを使って，研究の話に出てくるいろいろなポイントを説明するために使える「登場人物（抽象概念も含む）」や自分自身を登場させる方法，そしてできるだけ聞き手に興味をもってもらえるような話にする方法について，自分なりに工夫した下書きスライドをつくってみよう．

❷ スライド
Slides
無駄なく簡単にできる順番でつくろう

　スライドをつくり始めるとき，典型的なプレゼンをイメージして発表する順番通りにつくっていくのが普通でしょう．1. タイトルスライド，2. 背景，3. 目的，4. 方法，5. 結果，6. 考察，7. 結論という順で．でも，違う順番でつくるほうが実は理に適っているのです．第一に，最初のほうで見せる**背景スライド**をつくるのが実際には一番難しく，それは，発表を聞きに来る人が違うと内容を大きく変えないといけないからです（→2.6）．なので，相手が誰であれ内容がほとんど変わらないスライド（例えば**結果スライド**や**結論スライド**）からつくり始めるほうが簡単です．また，後のスライドで見せる情報を前のスライドをつくるのに有効利用することもできます．例えば，わかりやすい**目的スライド**をつくると，**背景スライド**でどんな説明をする必要があるかを考えるのに役立ちます．なので，この章では，無駄なく簡単にできる順番でスライドをつくるためのアドバイスをご用意しました．皆さんには，スライドをつくるときはこの順番（**3. 目的→5. 結果→(6. 考察)→7. 結論→1. タイトル→4. 方法→2. 背景**）を守ることを強くお勧めします．

　無駄を省くためにこの章でもう1つお勧めしたい方法が，先につくったスライドの内容を後でつくるスライドで再利用することです．例えば，**結果スライド**のタイトルを上手につくっておけば，それを**結論スライド**の要点として簡単にコピペすることもできます．同様に，**結論スライド**の最終的な結論の1文を**タイトルスライド**の演題として簡単にコピペすることができます．こうしたテクニックやこの章でお勧めする他の方法を使えば，短時間で無駄なく簡単にスライドをつくることができるはずです．

2.1 目的スライドをつくろう

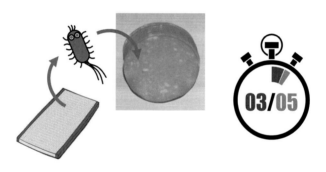

☐ **2.1.1 頭のなかを整理して研究の目的が何なのかを明確にしよう．** 最初は，目的を質問の形で考えるといいでしょう．例えば If five seconds is safer than thirty seconds, could the Japanese standard of three seconds be even safer? とか（➡ 2.6.6 でもっと詳しくご説明します）．自分が実験でどんな疑問に対して答えを出そうとしているのかがまだよくわからなければ，仮説（要は「検証可能な命題」，簡単に言い換えると「実験で何がおこると考えているか」）として表現してみてください．この例では，More bacteria is transferred to food in 5 seconds than in 3 seconds. というふうに．それでもまだわからないようなら，先生に聞いてみましょう．

2.1.2 目的は「To + 動詞」の文法形式で書こう

To determine how much bacteria is transferred from various types of flooring to food in three and five seconds.

　一番よく見かけるのは「To + determine + 5W1H」という組み合わせですが，研究分野によっては別の動詞でもいいでしょう．

2.1.3 目的の文章をわかりやすくするために写真やイラストを使おう．
背景スライドなどからコピペして後で追加することもできるので，この段階でなくても大丈夫です．➡ **2.6.3** で写真やイラストを使う重要性をご説明します．

2.2 結果スライドをつくろう

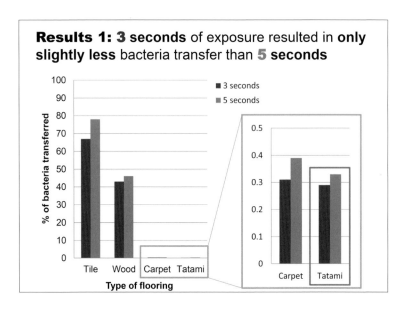

結果スライドは実験で明らかになったことを報告するものです．通常はグラフや表を使って説明します．

研究を始めたばかりの学生のみんなに気をつけて欲しい点：結果スライドもそうだけど，プレゼンの構成単位をそれぞれ作成して説明する練習をすることが大事なんだ．実験データがまだ出ていなければ，練習のつもりで，予想される結果のグラフを作成して，スライドタイトルを一時的に「Expected results（予想される結果）」に書き換えておこう．結果を説明して，それから結論を導き出す練習をすることが大事だから．もちろん，実験をちゃんと実施して，スライドでは実際に得られたデータを使う必要があるけどね．当たり前だけど，公式の学会で見せるのは実際のデータだけ，予想される結果を見せるのは絶対にダメだよ．

☐ **2.2.1　できるだけビジュアルな形式でデータを見せよう．** リストや表よりもグラフのようなビジュアルな形式の方がはるかにわかりやすくなります．

☐ **2.2.2　グラフを使うなら，きちんとラベルをつけよう．** 軸ラベル（模範スライドでは % of bacteria transferred や Type of flooring）や単位，有意差記号（必要な場合）を付けよう．

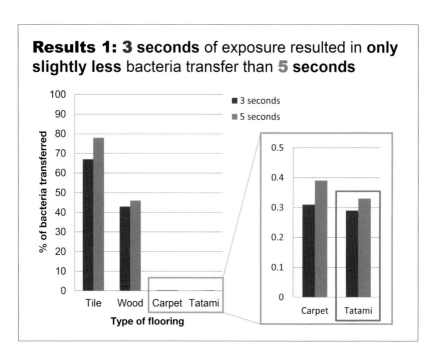

☐ **2.2.3　スライドに出てくるさまざまな項目の意味を明確にして，項目の間の繋がりを明示するためにカラーを上手に使おう．**例えば，上の模範プレゼン（結果スライド 1）では，3 seconds は濃い青で，5 seconds は薄い青で示されています．グラフ中の数字やバーの表示もカラーを統一してあることにご注目ください．これでこれらの項目の間につながりがあることが非常にはっきりと示されます． ➡ 2.7.3 でスライドをわかりやすくするカラーの使い方についてもっと詳しくご説明します．

カラー版

□ **2.2.4　同じ項目には，全スライドを通して同じカラーを使おう．**

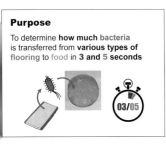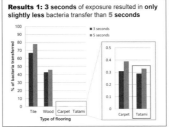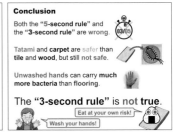

　　同じ項目を表すのに異なるスライドで別々のカラーを使うのは混乱の元です．この模範プレゼンでは，すべてのスライドを通して３秒と５秒を表すために濃い青と薄い青が使われています．

□ **2.2.5　スライドのタイトルにデータの重要なポイントを短い文章（SVO）で要約しよう．**

Three seconds of exposure <u>resulted</u> in only slightly less bacteria transfer than five seconds
３秒の曝露時間では，５秒に比べて細菌が移る量はほんの少ししか減らないという<u>結果になった</u>．

　　この要約文は最大でも２行の長さにまとめましょう．Effect of exposure time on quantity of bacterial transfer（細菌の移動量に対する曝露時間の影響）のような名詞句タイトルは昔からよく使われていますが，文章形式（SVO）のタイトルにすることで，聞いている人にとってスライドの内容がずっとわかりやすくなります．動詞（述語）があることによって情報がずっと多くなり，項目がお互いに及ぼす影響が明確になります．

このような要約文は，専門家ではない人，すなわち皆さんが何について話しているのか理解するのに苦労しそうな人のために特に有益です．スライドの詳しい説明を聞いている間に文章を繰り返し読むことで，要点を間違いなく理解することができるようになります．

　日本人の研究者のなかにはこうした新しい文章形式のタイトルにすることに抵抗を感じる人もいるようです．しかし，昔ながらの名詞句タイトルでは重要なポイントが曖昧になりがちです．文章形式タイトルの有効性は立派な学術研究ですでに証明されています*．ぜひこの新しい形式を使うようにしてください．

　この要約文に何を書くか考えるときに，「このスライドの要点を1文だけではっきり伝えるとしたら，何と言うべきか？」と自問自答してください．また，**背景スライド**や**考察スライド**でも文章形式のタイトルを使うことを強くお勧めします．

> はじめてプレゼンを作成するときは，頭を整理するためにスライドタイトルの前に Results や Discussion などと書いてみよう．慣れてきたら，見るだけでスライドの種類がはっきりわかるようにつくれるようになるから，こうした言葉は使わなくても済むようになるよ．

＊：Assertion-Evidence Approach　www.assertion-evidence.com

☐ **2.2.6　必要なら，考察スライドを追加して実験結果の意味や重要性を説明しよう．**

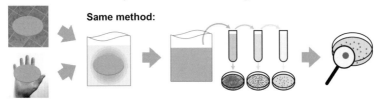

　考察スライドでは，結果の広範な意味をどう考えるのかをはっきりと説明しましょう（例えば，仮説が確認されたのか否定されたのか，次の実験でどう対応することにしたのか，など）．聞いている人が専門家ではなく，実験結果の重要性を理解するのに苦労するかもしれない場合，こうした**考察スライド**は必要不可欠です．そして，**背景スライド**と同様に相手の知識レベルを考え（➡ **2.6.1**），話をわかりやすくするために写真やイラストを使い（➡ **2.6.3**），**結果スライド**と同様に考察を1文（SVO）に要約してください（Both the "5-second rule" and the "3-second rule" are wrong）（➡ **2.2.5**）．

　結果の意味や重要性をすごく簡単に理解してもらえる自信があれば，

考察スライドは必要ないでしょう．でも，ちょっとした考察が必要だと思ったら，**結果スライド**の一番下に「考察文」を1文加えるやり方でも大丈夫です．

Both the "five-second rule" and the "three-second rule" are wrong.

☐ 2.3 結論スライドをつくろう

結論スライドでは，実験ごとに結果をもう一度列挙して，さらにその内容を上手くまとめる形で全体を通しての結論を1文に要約しましょう．

2.3.1 新たな知見の要約として，結果スライドや考察スライドの文章形式タイトルをコピペして使おう．

Both the "5-second rule" and the "3-second rule" are wrong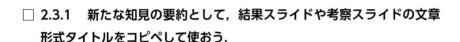

Tatami and carpet are safer than tile and wood, but still not safe

　場合によっては，わかりやすい結論にするために少し書き換える必要があるかもしれません．

Unwashed hands carried much more bacteria than flooring in any location
→ Unwashed hands can carry much more bacteria than flooring

2.3.2 全体を通しての結論を1文（SVO）でまとめよう．

The 3-second rule is not true

　結論は研究の一番重要なポイントであり，聞いている人にはっきりと理解してもらうことがとても大事です．**結果スライド**のタイトルに使った要約文とまったく同じように，1文でまとめましょう（**➡ 2.2.5**）．繰り返しになりますが，「この研究の結果を1文だけでまとめる必要があるとしたら，何と言おう？」と自問自答してください．
　一般的に，短くて具体的な1文（The "3-second rule" is not true）にまとめたほうがわかりやすくなりますが，専門家ではない人に話をするようなら，新たな知見のインパクトを一般の人向けにわかりやすく説明するような追加の結論文を書き加えてもいいでしょう．

短かくて具体的 ：The three-second rule is not true.
わかりやすく説明：Food that has been dropped on the floor should not be eaten.

　普通，ここで決めた2つの文章のうちの1つをプレゼンのタイトルにも使うことになります（➡ **2.4.1**）．

☐ **2.3.3　イラストや模式図を使って結論をわかりやすくしよう．** 研究対象にしている機構で多くの項目が複雑に相互作用している場合，イラストや模式図は特に役立ちます（➡ **2.6.3**）．

☐ **2.4　タイトルスライドをつくろう**

The "3-second rule" is not true

Hanako Hashimoto, Satomi Sato, Taro Takahashi
Laboratory of Bacteriology
School of Pharmaceutical Sciences
University of Shizuoka, Japan

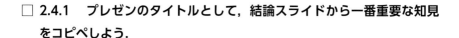

2.4.1 プレゼンのタイトルとして，結論スライドから一番重要な知見をコピペしよう．

The "three-second rule" is not true

普通，この文章が最終的な結論になりますが，こうした文章は時に内容がちょっとおおまかすぎるものになる可能性があります．そう思ったら，もっと具体的なものに書き換えましょう．

おおまかに：Food that has been dropped on the floor is not safe to eat.
具体的に　：The "three-second rule" is not true.

また，もし根拠が弱いと思ったら，文章形式のタイトル（The "3-second rule" is not true：「3秒ルール」は間違っている）では表現が強すぎるかもしれないね．そんなときは，研究テーマについて述べるだけのもっと曖昧なタイトルにしてみよう（An investigation into the accuracy of the "3-second rule"：「3秒ルール」の正確さについての研究）．

2.4.2 研究チーム全員の名前と所属を書こう．
発表するのがチームの一部メンバーだけであれば，発表者の名前に下線を引きましょう（日本では○マークが使われる場合もありますが，日本以外では使いません）．英語では，名前と所属は一番「小さい」項目（＝個人名）から一番「大きい」項目（＝大学や学校）の順に書くので注意してください．

☐ 2.5 方法スライドをつくろう

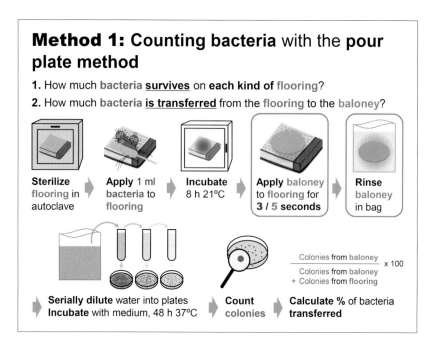

☐ **2.5.1 使用した材料を示すために簡単な写真やイラストを使おう．** 写真やイラストの方が言葉よりもずっとわかりやすいのは言うまでもありません（➡ **2.6.3**）．理想をいえば，説明する項目全部を視覚化しましょう．

☐ **2.5.2 スライドのタイトルに使った技法の名称とその目的を入れよう．**

Counting bacteria with the pour plate method

2.6 背景スライドをつくろう

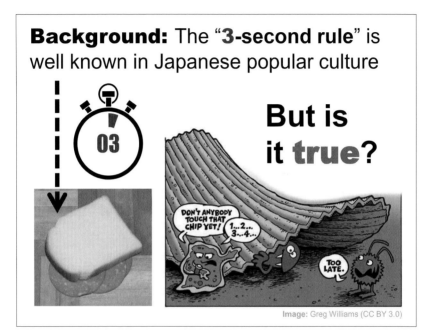

　背景スライドを作成する前に，これから聞いてくれる人に合わせて（⇒ B4 筋書き（2）でこれからご説明します）研究の「筋書き」をどう伝えるべきか（⇒ B1 筋書き（1）でご説明しました）考えることがとても大事です．最初にこの２つの章の一番重要なポイントを要約し，その後でさらに**背景スライド**のつくり方をご説明します．また，聞き手の予備知識次第で複数の**背景スライド**が必要になることもあります．

☐ **2.6.1　聞き手のことをしっかりと考えて，その人の立場に自分を置いてみよう．**「このテーマについて，どれくらい知っているだろう？」とか「何を知りたいのだろう？」「わかってもらえるようにできるだけ簡単にするのにはどうすればいいだろう？」と自問自答してみましょう（⇒ **B4**）．

☐ **2.6.2　自分の研究がなぜ重要で，なぜ聞く価値があるのか，その理由を聞き手にはっきりと伝えよう．**「この研究の話を一番はっきりと伝える方法は？」とか「どうしたら聞き手に興味をもってもらえるだろう？」と自問自答してみましょう（➡ **B1**）．

☐ **2.6.3　各背景スライドに画像（または動画）を使おう．**写真やイラストの方が言葉よりもわかりやすいことは言うまでもありません．**背景スライド**はさまざまな聞き手に自分の考えをはっきりと伝えるためのものなので，ここで写真やイラストを使うことがとても重要です．プレゼンで説明する重要な項目すべてを視覚化するように意識しましょう．公の場で発表する予定なら，Web から画像をコピペをするときは十分に注意してください．使用許可を与えてくれている作者の画像だけを使用するようにしましょう．グーグル検索の設定から画像検索オプションを開いて，「ライセンス」を「自由に使用または共有できる」などに設定してください．適切な画像が見つからなければ，自分で撮影するしかありません．とても簡単な画像を取るだけで十分なはずです．

> 色を使うのは，スライドをきれいにしたり美的センスを見せびらかしたりするためじゃなくて，意味のある情報を伝える目的に限定しよう．プレゼンは芸術作品じゃなくて，科学の発表だからね！　➡ **2.2.3, 2.2.4, 2.7** をご覧ください．

2.6.4　別の研究グループによる先行研究を引用するときはちゃんと出典を明記しよう． 学術論文では先行研究を必ず引用しますが，それはプレゼンでも同じです．実際に引用するときは，以下のような標準的な短い形式を使いましょう．

　　筆頭著者の苗字＋ et al., 雑誌名＋巻号＋（発行年）
　　Dawson et al., Journal of Applied Microbiology 102（2007）

2.6.5　タイトルとして各背景スライドの一番大事なポイントを短い文章 1 文（SVO）で要約しよう．

The "3-second rule" is well known in Japanese popular culture.

　要点をまとめた文章をタイトルに使いましょう（➡ **2.2.5**）．What is the "3-second rule"? のような質問にしてはいけません．これではテーマ以外の情報がまったく伝わりません．

ここまでのスライドとちょっと違うのは，普通，背景スライドのタイトルに Background という言葉は使わないんだ．プレゼンの最初に背景説明が来るのは当たり前過ぎて言うまでもないからね．

Part B

☐ **2.6.6　背景スライドの最後ならば自分の研究で解明したい基本ポイントを質問形式で要約してもいいでしょう．**質問形式だと聞いている人が理解しやすくなり，答えを聞く準備もしやすくなります．その答えは，**結論スライド**の最後の文章で提示しましょう．**背景スライド**の本文（タイトルではなく）の一部を質問形式にするのは**目的スライド**のためのいい予習にもなります．

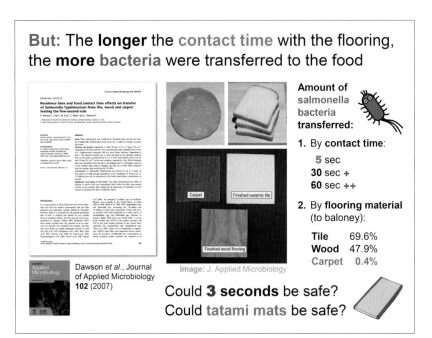

☐ 2.7　つくったスライドのデザインをチェックしよう

スライドの第1稿ができあがったら，できるだけはっきりとメッセージを伝えられるようになっているか，1つ1つのスライドのデザインをチェックしましょう．

2.7.1 スライドの全項目が見やすくなるように意識しよう

 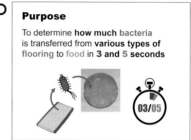

1 背景グラフィックを全部削除した？

背景グラフィックはテキストや画像を見えにくくするし，貴重な空間の無駄遣いにもなります．

2 高コントラストの背景を使った？

一般論として，白い背景の上に黒いテキストで書くのが一番見やすいのですが，暗い画像を見せるには黒い背景の上に白いテキストで書くのがいい場合もあります．

3 すべての空間を無駄なく使った？

そうでなければ，見やすくするために画像やテキストを大きくしましょう．

4 すべての項目を十分に大きくして見やすくした？

そうでなければ，大きくしましょう．

2.7.2　読みやすいテキストにするように意識しよう

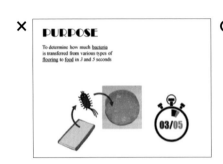 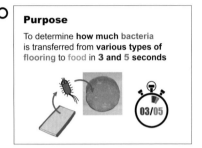

1 テキストは十分に大きくした？

一般論として，テキストは 18 ポイント以上にするべきです．

2 フォントは読みやすいもの 1 つに統一した？

いろいろなフォントを混ぜて使うと，スライドが読みにくくなります．1 つに統一しましょう．Arial のようなゴシック系のフォントの方が Times のような明朝系のフォントよりも読みやすいでしょう．

3 テキストを強調するために，**太字**やカラー，サイズ変更を使った？

下線，テキスト全部の大文字化，斜体などを使うのは避けましょう（*Trp53* のような遺伝子名など，科学でよく使われる表現は例外）．テキストが読みにくくなるだけです．

□ 2.7.3 カラーを上手に使うように意識しよう

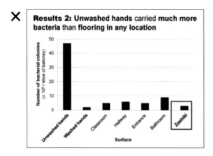 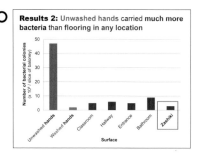

（これらのスライドは web でカラー版をご覧いただけます）

1 芸術的効果を狙うのではなく，情報を伝えることを第一にカラーを使った？

カラーを使って重要な項目をハイライトしましょう．重要でない項目には黒や白，灰色を使ってください．

2 カラーを象徴的な意味で使った？

可能なら，その項目の意味がわかりやすく覚えやくなるようなカラーを選びましょう．例えば，赤は熱くて青は冷たい項目，赤は危険で緑は安全な項目，暗い色調は物質の濃度が高いこと，灰色（中間色）はコントロール群，青と赤の項目を混合したら紫で表示などといった使い方があります．普通の人が特定の色と自然に結びつける意味は何か考えてみてください．

3 1つのスライドのなかにある項目間の繋がりが聞き手に見えやすくなるようにカラーを使った？

2つの別項目に同じカラーを使えば，その間の繋がりが自然と伝わりま

Part B

す（→ **2.2.3**）．

4 すべてのスライドを通して同じ項目に同じカラーを使った？（→ **2.2.4**）
同じ項目なのにスライドが違うとカラーも違うのは混乱の元です．できるだけ，プレゼン全体を通して同じ項目には同じカラーを使いましょう．

> この章で説明したアドバイスをちゃんと守ってくれたら，聞いている人にとってわかりやすくて，自分にとっても原稿にコピペして再利用しやすいスライドが今頃はできているはず．さあ，続いて原稿づくりに let's go!

詳しい情報
スライドデザインについてのもっと詳しい情報は『日本人研究者のための絶対できる英語プレゼンテーション』に書いてあります．追加のトピックは，アニメーションを使う・わかりやすくするためのスライド項目の配置・テキストを減らす・句読点を使う，などです．

❸ 原稿
無駄なく簡単なスタイルで原稿を書こう

　既に優れた英語力を身につけている人を除けば，プレゼンの原稿を準備しておくことは必要不可欠です．原稿を書くときに，語彙や文法，発音をチェックすることもできます（ついでに総合的な英語力も向上します）．この章の前半（**3.1** 〜 **3.7**）では，科学的プレゼンで使われる語彙や文法（科学論文の作成に使われるものより通常ずっと簡単なもの）についての一般的なアドバイスをいくつかご紹介します．特定のスライド（背景，方法，結果など）のセリフにはそれぞれに典型的な決まり文句や文法パターンがあるので，この章の後半（**3.8** 〜 **3.13**）でそれぞれのスライドタイプ別に一番基本的で幅広く応用可能なものをご紹介します．

　この章では，原稿を一番速く書く方法についてもお教えします．それは，作成済みのスライドから文章形式のタイトルをコピペしてくることです．こうすることで時間が節約できるだけでなく，聞いている人がプレゼンを理解しやすくなります．自分の原稿を準備するときは，この方法を使うことをお勧めします．

☐ 3.1　できるだけ短くて明確な表現を使おう

　簡単で明確な表現を使うことで時間の節約にもなるし，プレゼンがわかりやすくもなります．複雑な英語表現を使って「カッコイイ」プレゼンにしようとしてはいけません．

✗ We sought to elucidate the possibility that X increases Y.
われわれは X が Y に影響を与える可能性を解明しようと試みた．

○ We wanted to know if X increases Y.
われわれは X が Y に影響を与えるかどうか知りたかった．

同様に，**できるだけ短い表現**を使いましょう．

✗ Next, I will explain our method.
○ This is our method.

☐ 3.2 プレゼンのパート間の区切り（スライドの種類）をはっきりさせよう

2.2.5 でご説明したように，はじめてのプレゼンを作成するときはスライドタイトルにその種類（目的，方法，結果など）を書き込むことをお勧めします（Background はいつも最初に出てくるパートなので，この言葉を書いたりセリフで言ったりはあまりしません）．原稿でも，次のパートのスライドに移動するときは以下のようなセリフで明示しましょう．

This is our method.

Here are the results.

聞いている人にメッセージをはっきりと伝える経験を十分に積んだら，こうした表現の代わりに同じような method という意味がある We measured X with Y や results という意味の We found that X increased Y といった別の表現を使っても OK．

☐ 3.3　情報源を明示しよう

プレゼンに出てくる情報について，①その研究分野で周知の事実，②新しかったり論争の的 / 議論の最中だったりするもの，③自分の研究グループの先行研究から言えること，④現在進行中の自分の研究課題など，聞いている人のために必ずはっきりと区別しましょう．

①**It's well known that** X affects Y.
　X が Y に影響を与えることがよく知られている．

②**Recent studies have shown that** X affects Y.
　最近の研究では，X が Y に影響を与えることが示されている．

③**Our group recently / previously found that** X affects Y.
　われわれのグループは，X が Y に影響を与えることを最近 / 以前に見出した．

④**In this study, we found that** X affects Y.
　本研究で，われわれは X が Y に影響を与えることを見出した．

3.4　学術論文を読み慣れていても、形式張った「書き言葉」表現を口頭でのプレゼンにもち込むことは避けよう

　英語の語彙と文法は，書き言葉と話し言葉ではかなり違います．学術的な英作文は非常にフォーマルな（形式張った）ものですが，プレゼンはもっと形式張らず親しみやすいものです．プレゼンで書き言葉表現を使うことは，時間が余計にかかり，わかりにくくなり，退屈なものになってしまうなど，いいことは1つもありません．

研究発表では，日本語よりも英語の方がフォーマル度が低いという傾向があるんだ．典型的な日本語スタイルは「丁寧でフォーマル」な言葉遣い，典型的な英語スタイルは「丁寧で親しみやすい」言葉遣いってこと．

□ **3.4.1　butやso, alsoのような短く簡単な繋ぎの言葉を使おう．** howeverやtherefore，in additionのような長い繋ぎの言葉を使ってはいけません．学術論文などの英文でよく使われますが，プレゼンではほとんど使われません．

 ✗ <u>However</u>, X affected Y.
 ○ <u>But</u> X affected Y.

□ **3.4.2　一般論として，受動態ではなく能動態を使おう．** 学術論文では，「客観的」な印象を与えるために受動態が使われますが，英語でプレゼンする際には主観的で個人的に訴えかけることが重要です．自分も話のなかの登場人物になったつもりでプレゼンしましょう．

 ✗ A <u>was treated</u> with B.
 ○ We <u>treated</u> A with B.

□ **3.4.3　スライドの項目を指し示すときは，言葉ではなくレーザーポインタを使おう．** 論文では言葉でしか読者を誘導することはできませんが，プレゼンでは説明しているモノを単にポインタで指し示すだけでよいので，時間を節約することができます（➡ **3.12.2**）．

 ✗ <u>The graph on the left shows</u> the outputs.
 ○ <u>These［ポインタで指しながら］are</u> the outputs.

☐ 3.5　原稿を作成するときは，できるだけ簡単で明確な文法で書こう

　英語でプレゼンするときは，文法がちゃんとしていればいるほどわかりやすくなります．でも，文法を完璧にする必要はありません．文法的に正しい英語の他にも内容を理解するのに役立つ情報源はたくさんあります．スライドの画像を見たり文字を読んだり，身振り手振りを見たり，声のイントネーションを聞き分けたり，さらには質問をすることもできます．なので，文法を完璧にしようとして時間をかけすぎてはいけません．ただ，確実に言いたいことがちゃんと伝わるレベルの英文にしましょう（どうすればいいのか，アドバイスをいくつかここでは挙げておきます）．

☐ **3.5.1　最初から簡単な英語で書くようにしよう．**多くの学生は原稿をまず日本語で書いて，それから英語に翻訳します．この方法でも OK ですが，既にしっかり身につけている知識を生かして，まず英語で書いたほうが簡単なときもあります．困ったら Web を検索して，研究テーマの基本事項を紹介しているサイトを探して参考にしてもいいでしょう．Wikipedia（en.wikipedia.org）には，この目的にピッタリの基本的な紹介からはじまる記事もあります．まず最初に **Simple English Wikipedia**（simple.wikipedia.org）をチェックしましょう．

① Story 1　② Slides　❸ Script　④ Story 2　⑤ Speaking　⑥ Stage

LET'S PRACTICE! 3.5.1

研究課題のキーワードについて英語で書かれた基本的な説明文をWebで検索し，それを参考にして非常に短い基本的な説明文を自分で書いてみましょう．まだ研究が始まっていなければ，以下のキーワードを使ってください：bacteria, cancer, battery

1. Webブラウザを使って，Simple English Wikipediaを開き，キーワードで検索しましょう．次に通常版のEnglish Wikipediaでやってみてください．さらに，グーグルでも自分のキーワードを "basics" と一緒に検索してみましょう．

2. Microsoft Wordを使って，自分の考えを2〜3文の文章で説明してみましょう．コピペはダメ！　Webで検索した説明文に使われている語彙や文法を参考にして，自分だけのオリジナル版を書いてみてください．

☐ **3.5.2　まず日本語で書いてから英語に翻訳するなら，できるだけ簡単な日本語で書こう．** 簡単な英文法の知識で確実に英語に翻訳するには，日本語版も簡単な日本語で書きましょう．従属節や長い句をなるべく使わないようにして，短い文章にまとめてください．

3.5.3 書いた英文の文法を Web 上の情報源や基本的なサイエンス和英辞書でチェックしよう．
英文法をチェックするのに一番いい無料 Web サービスは**英辞郎 on the Web**（eow.alc.co.jp）です．ここの検索結果は，検索した単語を文章の中で使われている形で表示してくれるので，使われている英文法を理解することができます．チェックしたい単語だけで検索したり，翻訳したい文章の別の言葉（検索単語とよく一緒に使われる似たような言葉）と組み合わせて検索したりしてみましょう．

LET'S PRACTICE! 3.5.3

英辞郎 on the Web で文法をチェックする練習をしましょう．研究課題のキーワード（*LET'S PRACTICE 3.5.1* で使ったのとは別のもの）について日本語で短い説明文を考えてみてください．

1. 日本語で 2～3 文の説明文を書いてみましょう．
2. 英辞郎でキーワードを検索して英訳してみましょう．

もっとレベルの高い情報源は，**ライフサイエンス辞書**（lsd.project.jp）のコーパス機能です．検索単語を入力すると，実際に学術論文でどう使われているかを示す具体例が検索結果で表示されます．

基本的なサイエンス和英辞書で一番いいのは「類語使い分け辞典」（羊土社，2006）です．自然科学について書いたり話したりするのに最も重要な動詞や接続詞がすべて載っています．この本を強くお薦めします．

☐ **3.5.4　実験結果と一般的原理（仮説や結論）の区別をはっきりさせるために動詞の時制を正しく使おう．** 英語のルールには「結果は過去時制で記述し，結論は現在時制で記述する」というものがあります．実験は既に終わっているので，結果スライドでは<u>過去時制</u>を使って表現しましょう．

Our results showed that three seconds of exposure <u>resulted</u> in only slightly less bacteria transfer than five seconds.

しかし，研究から導き出される一般的原理（仮説や結論）はいつでもどこでも真実であるはずなので，背景や考察，結論スライドでは<u>現在時制</u>を使って表現しましょう．

These results suggest that both the "five-second rule" and the "three-second rule" <u>are</u> wrong.

☐ 3.6　作成したスライドから文章形式（SVO）のスライドタイトルや他の要約文を原稿にコピペしよう

　時間の節約にもなるし，耳から入る言葉とスライド上で見る言葉が同じになるのでプレゼンがわかりやすくもなります．聞いている人が両方の「チャンネル」で同じメッセージを受けとることになるので，2つの異なるメッセージを同時に処理することで生じる脳内の「妨害」が起こらなくなるのです．
　以下 **3.8 〜 3.13** で示す模範プレゼンの原稿で，▩▩▩部分はスライドからコピペしたことを示します．

3.7 慣れない間は，スライドタイプに応じて標準的に使われている一番簡単な表現を使おう

こうした表現をまず身につけることが大事です．それができた後で，もっと高度な表現を試してみてもいいでしょう．3.8〜3.13で示す模範プレゼンの原稿では，基本的表現は**太字**で強調されています．それがどんなものか基本的な感覚を身につけてもらうため，以下に重要な表現をリストアップしておきました．語彙と文法がとても基本的で簡単なことにご注意ください．

Recent studies have shown that X affects Y...

In this research project, we studied whether X affects Y...

We used method A **to measure** factor B...

The results showed that X changed Y...

These results suggest that X affects Y...

3.8 タイトルスライドの原稿

　プレゼンの最初の数分で，発表会場にいる人全員の人間関係を互いに把握する必要があります．座長（いない場合もありますが）に謝意を表して，会場に来ている人に挨拶するのを忘れずに．

☐ **3.8.1　座長が皆さんの名前や所属，演題を読み上げたら，それを繰り返さないこと．**時間の無駄です．普通は座長が言ってくれるので（そうでない場合は忘れずに以下のように自分で言うこと）．

Good afternoon. Thank you very much for coming to see my presentation. I'm Hanako Hashimoto **from** the University of Shizuoka. **I'm very happy to have a chance to present to you some of our recent research on** food safety and the well-known "3-second rule". **The title of my presentation is** 'The "three-second rule" is not true'.

> The "3-second rule" is not true
>
> Hanako Hashimoto, Satomi Sato, Taro Takahashi
> Laboratory of Bacteriology
> School of Pharmaceutical Sciences
> University of Shizuoka, Japan

☐ **3.8.2　座長に感謝しよう．**座長のご尽力に対して，感謝の気持ちを表明しましょう．

Thank you very much, Dr./Mr./Ms. Hirai.

座長に chairperson. と呼びかけるよりも、お名前をきちんと言ったほうがずっと丁寧だよ。自分のセッションがはじまる前に、名札をチェックしたり、ご挨拶を済ませたりしておこう。どうしても名前がわからなければ、chairperson と言えば OK.

☐ **3.8.3　来場者に挨拶しよう．** 個人的な信頼関係を築いておきましょう．

Good afternoon.

☐ **3.8.4　プレゼンのタイトルの中の要点を強調しよう．** 重要な項目を2つ選び，一般的な項目を先に，具体的な項目を後にして，列挙しましょう．こうすることで，聞いている人が研究テーマに「ズームイン」することができます．

I'm very happy to have a chance to present to you some of our recent research on food safety **and** the well-known "three-second rule".

☐ 3.9　背景スライドと考察スライドの原稿

　模範プレゼンでは標準的な表現とは少し異なったものが使われています．ここでは標準的な表現に合わせて書き換えてあります．一番よく使われている標準的な表現は以下の通りです．

It is well known that X affects Y…

Recent studies have shown that Z also effects Y…

So, we wanted to find out if Z also affects X…

☐ **3.9.1** それぞれのスライドから文章形式のタイトルを原稿の適切な箇所にコピペしよう．

The "three-second rule" is well known in Japanese popular culture.　コピペ

☐ **3.9.2** **but や so, also のような短く簡単な繋ぎの言葉を使おう．** however や therefore, in addition のような長くて複雑な繋ぎの言葉はプレゼンではほとんど使われません（→ **3.4.1**）．

But we wanted to know, "Is it true?"

☐ **3.9.3** **聞き手がある単語の意味を知らないと思われる場合，できるだけ短い言葉で説明しよう．** 聞き手に合わせてちょうどいい詳しさの説明で状況を理解してもらいましょう（詳しすぎてもいけません）．

Part B

知っている
↑
↓
知らない

In the stomach, **pepsin** is activated by stomach acid.

In the stomach, <u>the enzyme</u> **pepsin** is activated by stomach acid.

In the stomach, **pepsin**, <u>an enzyme that breaks down protein</u>, is activated by stomach acid.

会場に来ている人がどれくらいの予備知識をもっているかはっきりしなければ，基本的な背景項目を説明する前に As you may know, ... と言っておくのが無難だよ．特に注意が必要なのは会場にその分野の専門家がいたときで，間違っても何かを「教えている」ように思われないように気をつけよう．

3.10 目的スライドの原稿

3.10.1 目的スライドから目的を記述した文を原稿にコピペしよう．

So, the purpose of this study was to determine how much bacteria is transferred from various types of flooring to food in three and five seconds.

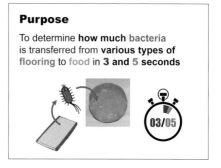

Purpose

To determine **how much** bacteria is transferred from **various types of** flooring to food in **3** and **5** seconds

Part B

☐ 3.11 方法スライドの原稿

☐ **3.11.1 "This is X"のような短いフレーズでスライドの説明を始めよう.**
Next, I will explain X のような長いフレーズだと，貴重な時間が無駄になります（➡ **3.1**）．

<u>This is</u> our method.

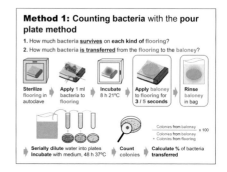

☐ **3.11.2 方法スライドから使用した技法の名称を原稿にコピペしよう.**

We used the pour plate methods to count the bacteria.

☐ **3.11.3 方法の説明をするときは能動態（We used X）を使おう.** 英語の科学論文や記事の方法パートでは受動態（X was used）がよく使われますが，プレゼンではほとんど使われません（➡ **3.4.2**）．次の例のように，1つの主語に多くの述語動詞を結びつけることでさらに多くの時間を節約できることにご注意ください．

We <u>sterilized</u> each piece of flooring by heating it in an autoclave, then <u>spread</u> a fixed amount of salmonella bacteria on it, then <u>incubated</u> it for eight hours.

3.12 結果スライドの原稿

3.12.1 結果スライドのタイトルを原稿にコピペしよう．

And these are the results. We found that three seconds of exposure resulted in only slightly less bacteria transfer than five seconds ...

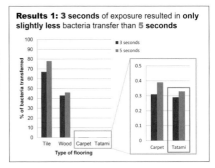

3.12.2 言葉ではなくレーザーポインタを使ってデータの場所を指し示して時間を節約しよう．
原稿を書くときは，プレゼンをしながらレーザーポインタをどう使うかイメージすることが大事です．レーザーポインタでスライドのいろいろな項目を指し示すことになるので，"Please look at this graph. It shows the types of flooring" や "The graph on the right shows carpet and tatami" のような表現を使う必要はありません．スライドごとに，その内容をレーザーポインタを使いながら一番短くて明確に説明する方法を前もって考えておきましょう（→ 3.4.3）．

... for all of the types of flooring ［ポインタで指しながら］, including tatami, which, unfortunately, was almost the same as carpet.

Part B

日本語の「結果として，…」の意味で As a result, … や As a result of this, … という表現を使っちゃダメだよ．この英語表現には Because of this, … という特殊な意味があって，これは日本語では「ですので，…」と因果関係を表す意味になってしまうんだ．実験の結果を言いたいだけなのに，これではかなり違う意味になってしまうよね！ 代わりに，These are the results や The results showed that…, We found that… といった表現を使おう．

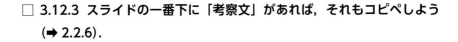

□ **3.12.3 スライドの一番下に「考察文」があれば，それもコピペしよう（➡ 2.2.6）．**

These results suggest that both the "five-second rule" and the "three-second rule" are wrong.

経験を積めば，もっと上手に研究を要約する方法を身につけることができるよ．例えば，目的と方法，結果，考察をたった1つの文章に組み入れたりすることで，We tested whether A affects B using the C method, and found D, which suggested E と言うこともできてしまうんだ！ でも最初はスライドの内容を1枚ずつできるだけ明確かつ簡潔に説明することに集中しようね．

Part B

☐ 3.13 結論スライドの原稿

☐ **3.13.1** 結論スライドから主な知見の要約を原稿にコピペしよう.

So, in conclusion, we have found that both the "five-second rule" and the "three-second rule" are wrong, コピペ that tatami and carpet are safer than tile and wood, but still not safe, コピペ and that unwashed hands can carry much more bacteria than flooring. コピペ

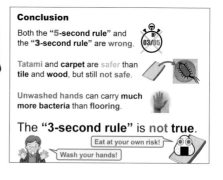

☐ **3.13.2** 結論スライドから全体を通しての結論文を原稿にコピペしよう.

This suggests that the "three-second rule" is not true. Thank you very much. コピペ

さて，これで原稿作成はおしまい．コピペすることでどれだけ時間が節約できるかわかったかな？ もちろん，完全に終わったとはまだ言えないかもね．プレゼンの筋書きをどうやってもっとわかりやすくするか考え続けたら，スライドを修正する必要が出てくるかもしれないし，そうしたら原稿についても修正が必要かもしれないからね．どうやったらプレゼンをもっともいいものにできるか考え続けてね．でも，今はとりあえず次の章に let's go!

詳しい情報
原稿作成についてのもっと詳しい情報は『日本人研究者のための絶対できる英語プレゼンテーション』に書いてあります．追加のトピックは，いろいろな種類のスライドに使える代替フレーズ・動詞の時制や冠詞の使い方といった上級文法問題，などです．

Story

❹ 筋書き(2)
話しかける相手に合わせて研究の筋書きをはっきり説明しよう

　B1 筋書き(1) で，研究の筋書きを上手に伝える一般的な方法についてご説明しました．そのなかには，視野を広げて科学や社会の全体の問題と関連付けて考える，話のなかに自分を登場人物として出演させる，できるだけおもしろい説明をする，などがありました．みなさんのスライドと原稿がこうした方法によってできるだけおもしろいものになることを願っています．

　この章では，スライドと原稿をもう一度見直す方法についてご説明します．今度は，プレゼンする予定の会場に来てくれる人のタイプを考慮し，その人たちにとって話をできるだけわかりやすくする方法について考えることがポイントです．こうした点をじっくり考えるにはちょっと時間がかかりますが，聞き手にはその努力がきっとわかってもらえるはずです．

　専門家であるかないかが大きなポイントです．専門家を対象に話す場合については **4.2** で，専門家ではない人が対象の場合については **4.3** でご説明します．

☐ 4.1　プレゼンする場にどんな人が聞きにくるのか調べておこう

　どんな人が聞いてくれるのか，だいたいの感じをつかんでおくために，Web などの情報源からその会合の情報収集をしておきましょう．発表する会合の運営を行う団体は？　会員はどんな人？　それは研究者？　それとも医者？　企業の人？　学生？　いろんな種類の人が混在？　年齢は？　学生なら理系，それとも文系？　聞き手についてできるだけ多くの情報を集めておきましょう．ちょっと調べてみて，それでも誰が聞き

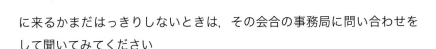

に来るかまだはっきりしないときは，その会合の事務局に問い合わせをして聞いてみてください．

別の学会発表で使ったスライドをもう一度使うようなら違う相手に合わせて変えたほうがいい点がないか，慎重に検討してね．

☐ 4.2　予想される来場者が既に自分の研究分野についてどれだけ詳しく知っているか，慎重に検討しよう

　聞き手がどんな人たちかわかったら，その人たちが自分の研究分野についてどれくらい知っていそうなのか，大雑把に推測することができます．例えば，「同じ分野の研究者」であれば，おそらく研究の背景については既にほとんど知っているでしょうから，あまり詳しく説明する必要はないでしょう．でも，「科学的訓練を受けていない人」の集まりであれば，皆さんの研究についてほとんど知らないでしょうから，研究の背景についてかなり詳しく説明する必要があると推測できます．

　次ページに示す図は，模範プレゼンの研究内容について，聞き手が既にどれくらい深く理解しているのか，知識レベルで分類したものです．例えば，「同じ分野の研究者」は「高等教育を受けた人」に比べてより深く理解してくれるでしょう．この図には模範プレゼンのスライドも入れてあり，それは聞き手の知識レベルと大雑把に対応しています．なので，例えば「同じ分野の研究者」にだけプレゼンするのであれば，「背景3」スライドから研究の背景を説明し始めることもできます．でも，「高等教

図　聞き手の理解度が深くなければ，背景説明の情報量をより多く加える必要がある

高等教育を受けた人

たくさんの背景説明が必要

背景1

平均的な研究者

ある程度の背景説明が必要

背景2

同じ分野の研究者（細菌学者）

聞き手が研究分野のことをかなりよく知っているので少しの背景説明だけで十分

背景3

同じ所属研究室の仲間（食品微生物学者）

目的　　方法1

プレゼンする本人

結果1

理解度 ↓

＿＿＿　内容を理解するために　＿＿＿
　　　　必要な情報量の目安

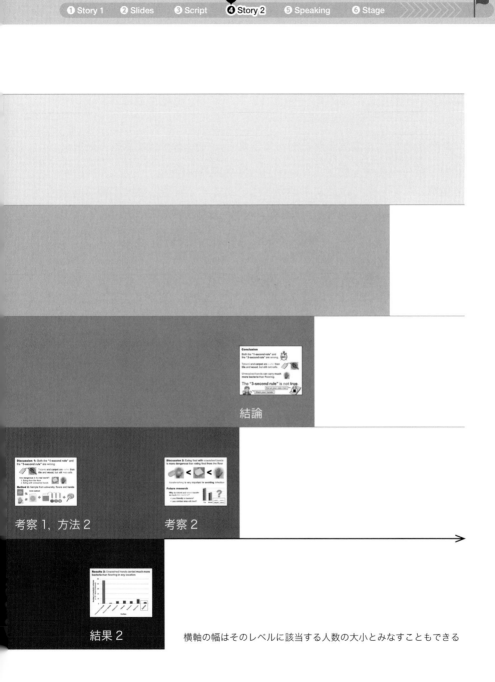

結論

考察1，方法2　　考察2

結果2

横軸の幅はそのレベルに該当する人数の大小とみなすこともできる

育を受けた人」（皆さんも！）にプレゼンするのであれば，もっと詳しい背景説明が必要になるので，「背景1」スライドから始めるほうがよいでしょう．

　あらゆるレベルの聞き手に対して演者としてやるべき仕事は，研究についてどんどん深く掘り下げながら，それぞれの段階でスライドの内容を理解してもらえるように手助けすることです．実験結果の内容を完全に熟知している，すなわち一番深いレベルを知ってるのは実験者本人だけなので，同じ研究室の仲間に対しても詳しい説明をしないといけない場合もあるでしょう．

　平均的な聞き手の知識レベルをまず予想し，次にそれに合わせてどう工夫したらプレゼンする研究を一番効率的に理解してもらえるのか慎重に検討しましょう．

相手の視点に立って自分の話がどのように聞こえるかをイメージするためには，自分の研究について知っていることを一度「忘れて」みよう．そしてそれを知らなかったときの自分はどうだったかを思い出してみる必要があるんだ．簡単にできることじゃないけど，とても大事なことなのでやってみてね．その努力はきっとわかってもらえるはずだよ！

LET'S PRACTICE! 4.1~4.2

自分の学校の全理系学部の学生に研究のプレゼンをするとイメージしてみよう．パワーポイントを使って，研究内容を説明するのに使えそうなラフな背景スライドをつくってみよう．

次に，全文系学部の学生にプレゼンするとイメージしてみよう．スライドをどう変える必要があるだろう？

☐ 4.3 専門家ではない人に対しては，データを少なくして背景説明を多くしよう

「専門家ではない人」は普通，皆さんの研究分野の概要や，研究内容が自分とどんな関係があるかのほうに興味をもちます．実験結果の詳細についてはそれほど関心をもっていないでしょう．なので，「全体像」をはっきりさせるために背景説明に十分な時間を割くことがとても大事です．実験結果を多く入れようとして背景説明を犠牲にしてはいけません．どんな種類のデータを見ているのか，それがなぜ重要なのかを聞いている人がはっきりと理解できなければ，どんなデータもただの無意味な数字に過ぎなくなって，聞くのをやめてしまうでしょう．見せるのは，一番重要なデータ（特に自分の話をわかりやすくておもしろくするもの）だけにすること．余ったデータスライドは質疑応答にとっておけばよいでしょう．

☐ **4.3.1　専門家ではない人に対しては，話にできるだけ「現実性」をもたせるようにしよう．** B1.5 で，説明をできるだけおもしろくしてみようという話をしました．これは，「専門家ではない人」に聞いてもらうときには特に大事です．おそらく科学的問題点そのものにはそれほど興味をもってくれないでしょうから．

そういう相手に対して話に「現実性」をもたせる一番簡単な方法は，相手が既に知っている事柄，特に毎日の生活のなかで遭遇する事柄や状況，と関連付けることです．例えば，模範プレゼンは食中毒を対象にしていますが，これは誰もが毎日3回食事をするので興味をもてる話題のはずです！

基礎物理学の研究のように，普通の人の生活とは一見縁がなさそうな話題では，「専門家ではない人」に対して「現実性」をもたせるのは難しそうですが，不可能ではありません．聞いている人が何らかの形でプレゼンの内容と結びつけて考えるのに使えそうなモノ（物理学であれば機械や電気製品，化学であれば普段使っている製品のなかの化学物質）を思い描くようにしてください．テレビ番組や SF 小説，その他人気のある娯楽作品で知られているようなアイデアでもいいでしょう．

ジャーナリストのような科学解説の上手な人たちが使うテクニックを勉強することもとても役に立ちます．「ためしてガッテン」（NHK）という番組もとてもよい参考になります．他にも似たような番組を Web で検索してみてください．

こうした勉強に特にいいサイトで TED Talks って知ってる？ このサイトには一般の人向けの素晴らしい科学プレゼンがたくさんあって，NHK の「スーパープレゼンテーション」という番組でもいくつか紹介されているんだ．科学的なキーワードでサイト内を検索することもできて，ほとんどのプレゼンには英語と日本語の字幕が両方ついているよ．是非一度 check it out！（→ 6.6）

☐ **4.3.2　聞き手がよく理解できないような項目があれば，どんなことでもはっきりと（でも簡潔に）説明しよう．** 聞いている人が知らないかもしれない項目があれば，どんなことでもはっきりと説明することがとても重要です．スライドに出てくる項目1つ1つについて，「聞いてくれる人はこの項目について知っているだろうか？」と自問してみましょう．答えが「知らない」であれば，どうやったらわかりやすく説明できるか考えてみましょう．これからご説明するテクニックを使ってみてください．

☐ **4.3.3　鍵となる項目には画像を使おう．** 2.6.3 でご説明したように，鍵となる項目をビジュアル化することで，その項目がわかりやすく覚えやすくなります．「専門家ではない人」に対しては，そうした画像を使うことがきわめて重要です．

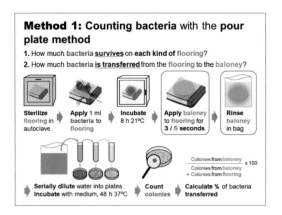

☐ **4.3.4　鍵となる項目を 1 つ 1 つはっきりと説明しよう．** そのような項目について，はっきりとした（でも簡潔な）専門的な説明をしましょう．

The "pour plate method" is <u>a way of measuring the amount of bacteria in a liquid.</u>

☐ **4.3.5　難しい項目をわかりやすくするために比喩を使おう．** ある項目が特にわかりにくいようであれば，比喩を使って説明してみましょう．聞いている人が知らないような項目は，既に知っていると思われる別の項目と比較して説明してみてください．そのときは，次のような表現を使いましょう．

The human body **is like** a machine.
The immune system **is like** the security system in a house.
A fat cell **is like** a battery.
The mitochondria **is** the power plant of the cell.
White blood cells **are** the body's trash collectors.

比喩は科学でよく使われているので，自分の研究分野でどんなものが使われているのか，教科書を調べるか，Web で検索してください．

LET'S PRACTICE! 4.3~4.5

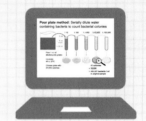

研究において，専門家ではない人が理解するのに一番苦労するポイントは何だと思いますか？ どうしたらわかりやすくできるか考えその説明をしやすくするラフなスライドをつくってみよう．

次に，専門家ではない人は研究のどの部分をあまりおもしろくないと思うでしょう？ どうしたらもっとおもしろくできるか考え，おもしろくするためにラフなスライドをつくってみよう．

❺ 発音
単語の発音や文章の強調単語を確認しよう

　皆さんはこれまでに何年も英語を勉強しているので，日本語と英語の発音がすごく違うことは既によくご存知でしょう．英語に比べて日本語は発音に「強弱が少ない」という傾向があり，英語ではアクセントパターンに起因する「上下する」音が目立ちます．アクセントは英語ではとても大事です．単語アクセントでは，1つの単語のなかで強く発音する音節と弱く発音する音節を区別します．こうすることで，皆さんが声に出している特定の単語を聞いている人が聞きとりやすくなります．

èvolútion

　同じように，文章アクセントでは，1つの文章のなかで強く発音する単語と弱く発音する単語を区別します．こうすることで，その文章（あるいは段落）の意味を理解するのにどの単語が一番大事かわかりやすくなります．

I stúdy èvolútion. It's véry ìnterèsting.

　英語を話すときは，適切な音節と単語に十分に強いアクセントをつけるように意識することがとても大事です．そうしないとせっかくの発表がわかりにくくなってしまいます．
　もう1つの問題は，日本語の科学用語の多くがもともとはドイツ語（昔は科学で一番よく使われていた言語）に由来していて，英語と発音がすごく違う可能性があることです．

ドイツ語	日本語	英語
glykogen	グリコーゲン	glycogen
グルコゲーン		グライコジェン

　なので，注意してください！　日本語でカタカナ表記されている科学用語の多くは，英語ではすごく違う発音になります．

　この章では，皆さんが発音をチェックして原稿を暗記するのに一番無駄がなく簡単な方法をご説明します．

はじめてプレゼンするときは語彙や文法をチェックするのに時間がかかるのとまったく同じように発音をチェックして原稿を暗記するのにすごく時間がかかるものなんだ．でも，いったん暗記しちゃえば，次にまたプレゼンをするのがすごく楽になるはず．それは，頭のなかにその分だけたくさんの情報を入力したことになるからね．今プレゼンのために使っている時間を「未来のための投資」と考えてね．自分の未来のために，do your best!

5.1　プレゼンしている最中に少し遠くからでもすぐに読めるように原稿の書式を整えよう

　B6 プレゼンのための表現力と質疑応答で詳しくご説明しますが，プレゼンするときに原稿を読んではいけません．読んでしまうと，レーザーポインタを上手に使ったり，聞いている人と上手に意思疎通したりできなくなります．それでは，プレゼンがわかりにくくて退屈なものになってしまいます．

そうはいっても，プレゼンするときにはやはり原稿を一緒にもっていくべきです．セリフを忘れてしまったりしても，原稿を素早くチェックして思い出すことができるように．原稿を一緒に手元にもっていれば，不安になったらいつでもチェックできるのでより自信をもってプレゼンすることができます．

実際に口頭発表するときは，原稿を机の上に置いて，スライドを順番に進めていきながら，それに合わせて原稿の対応ページをめくっていきましょう．そのために，少し遠くからでも（机の前側に立っていても）読みやすい原稿を準備しましょう．なので，文字は大きくして，目で追いかけやすいレイアウトにする必要があります．下に示すページのような書式にしましょう．

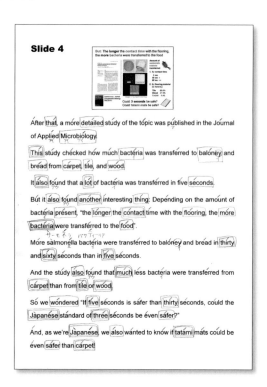

- [ ] 5.1.1 　スライド 1 枚に原稿 1 ページを割り当てる．どのスライドかわかりやすくするため．

- [ ] 5.1.2 　原稿は片面だけを使う．机の上に置いてある原稿のページをめくりやすくするため．

- [ ] 5.1.3 　1 文ごとに改行する．探しやすくするため．

- [ ] 5.1.4 　行間を 1 行おきか 2 行おきにする．発音メモのためのスペースを空けておくため．

- [ ] 5.1.5 　Arial のような読みやすいフォントを 14 〜 20 ポイントのような大きめのサイズで使う．少し遠くからでも読みやすくするため．

- [ ] 5.1.6 　原稿の各ページの一番上にスライドの画像を載せておく．どのページかわからなくなったときに素早く探せるように．発音メモを模範プレゼンに完全に書き込んだバージョンは Web でご覧になれます．

5.2 原稿に書いてある単語の正確な発音をチェックしよう

5.2.1 Microsoft Word の音声合成読み上げ機能を使って自分の原稿の英語の発音を聞いてみよう．
Word には，Word ファイルの本文を音声で読み聞かせてくれる**テキスト音声合成読み上げ**というとても便利な機能があります（日本語版 Word に「テキスト音声合成読み上げ」の英語モジュールを追加する方法についてご不明な点があれば Web で検索してください）．文章またはフレーズを選択し，それから「読み上げ」ボタンをクリックしましょう．注意して聞き，発音に苦労するかもしれないポイントを自力で見つけてください．

5.2.2 重要な単語のアクセントをつける音節を原稿にマークしよう．
普通，英語では重要な単語だけ（名詞，動詞，形容詞，副詞など）にアクセントがつきます．重要ではない単語（代名詞，前置詞，冠詞など）にはアクセントがつきません．マークには後で消せるように鉛筆を使うのがいいでしょう．

Móre salmonélla bactéria were transférred to balóney and bread in thírty and síxty séconds than in fíve séconds.

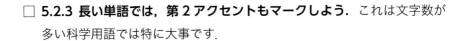

☐ **5.2.3 長い単語では，第2アクセントもマークしよう．** これは文字数が多い科学用語では特に大事です．

Móre sálmonélla bactéria were transférred to báloney and…

> 同じ研究課題について何度かプレゼンするかもしれないと思ったら太字やArial Blackのような特殊フォントを使ってWordファイルにアクセントをマークしておくといいよ（**sal**monella bact**e**ria）．後で時間を節約することができるからね．蛍光ペン機能を使って強調したい単語をマークすることもできるよ（→ 5.3を見てね）．

☐ **5.2.4　発音を間違いやすい単語はカタカナでメモをとろう．** 自分のイメージと違う特定の発音についてだけメモをとれば十分です．

Móre sàlmonélla bactéria were transférred to balóney and…

でも，その単語を暗記するのに苦労するようなら，単語全部の発音をメモしましょう．

☐ **5.2.5　Wordの読み上げ音声を真似て暗記しよう．** 単語のアクセントをマークして発音メモをとったら，Wordでその単語を選択して「読み

上げ」ボタンをクリックし，それから音声に続いて発音を自分で声に出して発音の仕方を練習しましょう．新しい単語の発音をしっかり身につけるには，音声に続いて5回繰り返し声に出して，それから，画面を見ず「読み上げ」機能も使わないで1人で5回繰り返し声に出してみてください．

スクリーンの文字を読んだらダメ！　ちゃんとマスターしたことを確かめるため，記憶だけを頼りに自力で単語の発音を「引き出せる」ようにする必要があるからね．

　その単語を正確に発音できるようになるまで，何度も繰り返してください．でも，専門的な科学用語については，Wordの「テキスト音声合成読み上げ」機能を使って発音を練習してはいけません．その理由については，次のセクションでご説明します．

☐ **5.2.6　専門的な科学用語の発音はMerriam-Websterオンライン辞書を使って確認しよう．** Wordの辞書に普通の英単語はとても数多く収録されていますが，科学用語はほとんど収録されていません．そして，ある単語が収録されていない場合，「テキスト音声合成読み上げ」機能は発音を適当に推測してしまうという欠点があり，それで間違うことが多いのです！　だから，信じすぎてはいけません（グーグル翻訳の「音声を聞く」機能にも同じ欠点があるので，発音をチェックするのに使ってはいけません）！　常にMerriam-Websterオンライン辞書（m-w.com）をチェックしましょう．科学用語の音声録音がweb上で一番多く収録されています．

Model Presentation					Speed Check
❶ Story 1	❷ Slides	❸ Script	❹ Story 2	❺ Speaking	❻ Stage

　科学用語かどうか判断に迷ったときは，まず先生や指導教官に聞くのがいいでしょう．

　発音がわからない単語を原稿から Merriam-Webster の検索ボックスのなかにコピペしてください．その単語の解説ページが表示されたら，発音を聞くためにスピーカーアイコン ◉ をクリックしてください．

　発音の説明に第１アクセントが ▔ の記号で表示され，第２アクセントが ▁ の記号で表示されます．

salmonella ◉
noun | sal·mo·nel·la | \ˌsal-mə-ˈne-lə\

　Merriam-Webster の発音と Word の発音が違っていた場合，原稿の発音メモを訂正しましょう．それから，**5.2.5** の方法を使って新しい発音の言い方を練習しましょう*．

＊：重要な科学用語の発音を練習する時間がどうしても取れない場合は，その用語をあらかじめスライドの適切な場所（タイトルや図表の凡例など）に書き込んでおき，発音する際にレーザーポインタでその文字を指し示すこと（➜ **6.5**）（実は経験のある研究者なら誰もが知っている最後の手段，実用的秘訣）．

LET'S PRACTICE! 5.2.1~5.2.6

Wordの「テキスト音声合成読み上げ」やMerriam-Webster辞書を使って，以下の文章の発音をチェックしよう．第1アクセントを ´ 記号で，第2アクセントを ` 記号でメモしてください．予想した発音と違った場合はカタカナでメモしておこう．

1. We use the microscope for two projects: One is on immune response, and the other is on collagen and membrane proteins.

2. In the previous study, we used gel chromatography, but in this, one we used electron microscopy.

終わったら，**LET'S PRACTICE! 5.2.8** に正解があるので答え合わせをしよう．次に，自分のプレゼンで実際に使える科学的な文章を2つ考えて，同じようにチェックしてみよう（まず日本語で考えて，それから「英辞郎」を使って翻訳をチェックしてもOKです）

3. _____
   _____

4. _____
   _____

☐ **5.2.7 難しい英単語もギリギリわかってもらえる発音ができるようにしよう.**

glycogen
× グリコーゲン　△ グ**ライ**コジェン　○ gl**ý**cogen
gu-ri-kó-o-gen　　gu-rá-i-ko-je-n　　gl**ái**-kə-jən

　英語の発音に一番近いカタカナ発音（和風英語発音ではなく！）と正確なアクセントで英単語を発音すれば，ギリギリ合格でわかってもらえる発音はできるでしょう．こういう感じの発音だと，まだ強い日本語特有のアクセントが残るかもしれませんが（それがダメと言っているわけではありません！），ほとんどの人はわかってくれるでしょう．

　でも，英語の単語アクセントの「上下する」発音を忘れないようにしましょう（そして文章アクセントも．➡ 5.3 でご説明します）．自分の発音が日本語特有の「強弱が少ない」発音であれば，ほとんどの人にはわかってもらえないかもしれません．大きな声ではっきりと，そして少しゆっくりと話すように気をつけましょう．特にふだんは使わない科学用語をプレゼンのなかで初めて言うときには，学生の場合，たくさん練習した後にはつい早口でしゃべってしまって「強弱が少ない」発音になりがちですが，それは避けましょう．聞いている人に簡単にわかってもらえるように，とてもはっきりと，そしてゆっくりとしゃべることに集中してください．

　もちろん，標準的な英語（ネイティブスピーカーの数が一番多いのはイギリス英語ではなくアメリカ英語）に近い発音ができるようになればなるほど，聞いている人にとってわかりやすくなるのは当然です．発音をさらにもっと上達させるためには，まず子音を正確に発音できるように気をつけましょう．特に，日本語にはない英語の音を別の音に変えてしまうようなケースにご注意くださいね．

```
vi            in vivo        インヴィヴォ
   > ビ           ↘  ↗
bi                インビボ


si            system         スィステム
   > シ           ↘  ↗
shi               システム


ti            multi          マルティ
   > チ           ↘  ↗
chi               マルチ


tu            two-way        トゥーウエー
   > ツ           ↘  ↗
tsu               ツーウエー
```

　その次に，母音に気をつけましょう．日本語にはない母音の発音をしっかり練習すること．そして，アクセントのない音節の発音はその単語のスペルに使われているアルファベットとは違うことが多いことに注意しましょう．əの発音には特に注意が必要です．アクセントのない母音の多くはこの音なので！（でも，全部じゃないのでご注意を！）

　最後にglycogenという単語を例にして発音を上達させるための方法を，いくつかのステップに分けてご説明します．この単語は，日本語と英語で発音がまったく違っています！

gu-rá-i-ko-je-n ➡ **grái-ko-jen** ➡ **glái-ko-jen** ➡ **glái-kə-jən**

　こんな風に日本語と英語で発音が違う単語は科学用語にはたくさんあります．少なくともギリギリ合格でわかってもらえる発音ができるように気をつけてください．

5.2.8 アクセントと発音メモによく注意しながら，原稿を全部声に出して読もう．
原稿を全部正確に，そしてスラスラと読めるようになるまで，何度も繰り返し声に出して，スライドを1枚ずつ読んで練習しましょう．

LET'S PRACTICE! 5.2.8

LET'S PRACTICE! 5.2.1〜5.2.6 で自分で考えた文章を正確にそしてスラスラと読めるようになるまで何度も繰り返し発音して練習しましょう．下に発音メモのお手本をお見せします．

1. We úse the mícroscópe for twó prójects: Óne is on immúne respónse (アイ), and the óther is on cóllagen and mémbràne próteins (ユ, ア, エイ, イー, ジェ).

2. In the prévious stúdy, we úsed gél chròmatógraphy (イア, ジェ, ア), bút in this óne, we úsed eléctròn micróscopy (ア, アイ, ア).

5.3 それぞれのスライドの意味をはっきりさせる単語を強調しよう

重要単語ならどれもアクセントがつく音節が1つ以上あるのとまったく同じように，文章ならどれもアクセントがつく単語が1つ以上あります．

I stúdy èvolútion. It's véry ínterèsting.

Part B

　これを文章アクセントと呼びます．文章には少なくとも1つはアクセントがつく単語（典型的には最後に来る大事な単語）が常にありますが，もっと多い場合もあるでしょう．ある単語を文章アクセントで強調することで，その単語がその文章の意味を理解するのに重要だということが聞いている人に伝わります．強調という手法は，新しい情報を話にもち込んだり，話の構成を示したり，いろいろな物事の間の違いを際立たせたりする目的で使うことができます．それぞれの例をここではみていきましょう．

☐ 5.3.1　新しい情報を話にもち込むための単語を強調しよう．

新しい重要情報を初めて話すときは，聞いている人がそれに気づいて覚えてくれるようにしっかりと強調しましょう．原稿では，その単語が目立つように鉛筆で　一重囲み線　をつけてください（蛍光ペンを使ってもいいのですが，書き間違ったら消すことができなくなります！）．

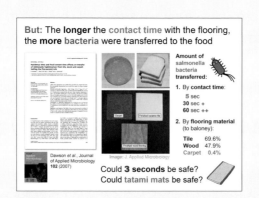

This study checked how much bacteria were transferred to baloney and bread from carpet, tile, and wood.

何を強調するか決めるときは，スライドをじっくりと見てみよう．セリフで単語を強調するときは，スライドに表示されているその単語や項目（図表やグラフ）を普通は一緒に指し示すでしょ．

☐ **5.3.2　話の構成を示す単語を特に強調しよう．** 聞いている人にとって話の構成がわかりやすくなるように，first や second，There are three main points のような表現のなかで three などの単語を強調しましょう．こうした単語のまわりには 二重囲み線 をつけて，特に力をこめて強調することをメモしておきましょう．

First , we sterilized each piece of flooring by heating it in an autoclave. Next , we spread a fixed amount of salmonella bacteria on it. Finally , we incubated it for eight hours.

☐ **5.3.3　いろいろな物事の間の違いを際立たせるような単語を特に強調しよう．** 聞いている人にとって研究の論理構成がわかりやすくなるように，対比しているアイデアを一段と強調することで注意を引きつけましょう．

More salmonella bacteria were transferred to baloney and bread in thirty and sixty seconds than in five seconds.

In the treatment group, the level went up , but in the control group, it went down .

> 日本語では，助詞の「**は**」を使って違いをはっきりさせることもできるよね．
>
> > 処理群では濃度が上がったが，対照群では下がった．
>
> でも，英語には「は」と同じような働きをする言葉がないから，その代わりに発音での強調という方法で違いをはっきりさせるんだ（前の頁の例のようにね）．そういう意味で，発音は英文法の一部のようなものだと言ってもいいかな．だから，上下する発音が英語ではとても大事なんだ．英語で話すときは恥ずかしがらずに強調したいポイントをすごく強く発音してね（特に違いをはっきりさせたいときに）．日本語に慣れた耳には少し変に聞こえるかもしれないけど，英語では完璧に自然に聞こえるから大丈夫！

　感情を込めて話したい単語や，文章の意味をわかってもらうのに特に重要な単語は，特に強調してかまいません．

But we wanted to know, "Is it true?" Does something like this really happen?

☐ **5.3.4　強調メモによく注意しながら原稿を全部声に出して読もう．**今度は 5.2.8 と違って強調する単語に注意して，原稿を全部正確に，そしてスラスラと読めるようになるまで，何度も繰り返し声に出して，もう一度スライドを 1 枚ずつ練習しましょう．

LET'S PRACTICE! 5.3

　LET'S PRACTICE! 5.2.1~5.2.6 の文をまた使いましょう．自分でどの単語を 強調 してどれを 特に強調 すべきかまず決めて，適切な囲み線をつけましょう．次に強調すべき単語に注意しながらその文章を読み上げる練習をしましょう．下に強調メモのお手本をお見せします．

1. We **ú**se the m**í**crosc**ó**pe for two pr**ó**jects: One is on imm**ú**ne resp**ó**nse, and the **ó**ther is on c**ó**llagen and m**é**mbràne pr**ó**tèins.

2. In the pr**é**vious st**ú**dy, we **ú**sed g**é**l chròmat**ó**graphy, b**ú**t in this **ó**ne, we **ú**sed el**é**ctròn micr**ó**scopy.

5.4 原稿を暗記しよう

　原稿を上手に読む方法をいったんマスターしてしまったら次はレーザーポインタを上手に使ったり，聞いている人と上手に意思疎通したりすることができるように暗記をした方がいいでしょう．それぞれのスライド原稿を1文ずつ暗記しましょう．まず覚えようとする1文を原稿を見ながら声に出して読み上げ，それから原稿を見ないようにしてもう一度声に出してみてください．文章を1つ1つ完全にマスターしてから，次の文章に進むこと．原稿を見なくても全部正確にそしてスラスラと言えるようになるまで，何度も繰り返し練習しましょう．

ゴールまであと少し！　とは言っても，原稿を暗記するところが一番時間がかかるものなんだ．でも，前に言ったように，いったん暗記してしまえば，その語彙や文法，発音の全部が頭のなかにずっと後まで残るはず．そうすれば，プレゼンのための表現力を好きなときに練習して上達させることも，すごく簡単にできるようになるからね．このプレゼンのための表現力が，次の章でみていく大事な項目だよ．しっかり頑張って練習してね！

詳しい情報
発音についてのもっと詳しい情報は，『日本人研究者のための絶対できる英語プレゼンテーション』に書いてあります．例えば，名詞句のアクセントパターンには2種類あります．①「形容詞＋名詞」の組み合わせ：普通，名詞にアクセントをつける（例：serious condition）．そして，②「名詞＋名詞」の組み合わせ：普通，最初の名詞にアクセントをつける（例：heart condition）．

Stage ❻ プレゼンのための表現力と質疑応答
親しみやすく熱意を込めて

　プレゼンを準備するときの最後のステップは，プレゼンのための表現力（上手な身振り手振りや話し方，演出）と質疑応答セッションの練習です．ここまで来たら，立派なスライドと，セリフをど忘れしてもすぐに読み上げることができる立派でわかりやすい原稿が手元にあるはずです．でも，既にほとんどすべて暗記してしまっていますよね？　原稿は演壇に置いて，レーザーポインタを手に持って来場者に顔を向けましょう．

　この章では，プレゼンのための表現力を1項目ずつ改善する方法（大きな声で話す，親しみやすく振る舞う，目を合わせる，熱意を込める，レーザーポインタを上手に使う）をお教えします．質疑応答セッション（プレゼンの中で一番難しいパートと言えるかもしれません）のための準備をしっかりする方法もお教えします．こうしたスキルを練習すればするほど，いい準備ができて自信が持てるようになります．しっかり頑張ってください！

☐ 6.1　表現力の練習を始める前に原稿を確実に暗記しよう

　セリフを暗記していないと，原稿を読み上げないといけなくなり，そのせいでスライドを上手に指し示したり，聞いている人と上手に意思疎通したりできなくなります．それでは，せっかくのプレゼンがわかりにくくなり，聞いていておもしろくなくなってしまいます．俳優と同じように，いい「演技」をするためにはセリフをしっかりと暗記しておくことが肝心です．もちろん，プレゼンのための表現力を練習し始める前に原稿を全部覚えてしまう必要はありません．最初の2〜3スライド分だけ覚えて練習し，それからまた2〜3スライド分覚えて練習，という感じでや

れば十分です．

6.2 実際の発表会場にできるだけ近い条件で練習しよう

本番でリラックスして発表できるように，可能なら本番と同じくらいの大きさの部屋を使いましょう．もちろん，プロジェクターとスクリーン，それにレーザーポインタをちゃんと使うべきです．発表でマイクを使うことが予想されるなら，練習のときもマイク（かそれに似た形のもの！）を使ってください．

手でマイクを持つなら，もう一方の手でレーザーポインタを持つことになるから，原稿を持つことはできないよね．それも，読みやすい原稿を準備してそれをしっかり暗記しないといけない理由の1つなんだ．

可能なら友達に聞いてもらいましょう．忙しくて頼めないようなら，聞き手が目の前にいることをイメージして練習してください．

6.3 練習している自分の姿をビデオに撮ろう

自分のプレゼン表現力のどこを直せばいいのかを知る一番簡単な方法は，自分の姿をビデオに撮ってあとで見ることです．友達に頼んでスマホでビデオを撮ってもらうか，自分のスマホを目の前の机に設置して自撮りしましょう．発表練習を終えたら，ビデオを見て **6.4** と **6.5** のポイントを1つずつ確認してください．

自分の姿をはじめてビデオで見たとき，たぶん「ビデオショック」を受けるはず！ でも心配しないで．ビデオショックは問題点を直すいいモチベーションになるから．練習を繰り返す間に何度もビデオを撮って，どれくらいよくなっているか確認してね．しっかり頑張って！

☐ 6.4　聞き手と上手に意思疎通しよう

　親しみやすくて人の興味を引きつけるように話すことが大事です．その方法をここではご紹介します．

☐ 6.4.1　部屋の一番後ろにいる人にもちゃんと聞こえるくらい大きな声で話そう．

声が聞きとれなければ話を理解してもらえないばかりでなく，聞いている人は欲求不満をつのらせるでしょう．ほとんどの学生は，プレゼン本番でも練習でも最初やや小さ過ぎる声で話す傾向があります．練習するときは，誰か部屋の一番後ろに座ってもらって，ちゃんと聞こえるかどうか教えてもらうといいでしょう．マイクを使うならあまり問題にはなりませんが，発表するときはいつも部屋の一番後ろの人を観察して，よく聞こえているかどうか確認してください．

☐ 6.4.2　親しみやすくふるまおう．

聞いている人と親しくやりとりをしましょう．意識して「個人的な」関係を築くようにしてください．話しはじめの最初の数秒間が一番大事です．なるべく１人１人をしっかりと見て，親しみを込めて "Good morning!" や "Good afternoon!" と話しかけま

しょう."I'm happy to have a chance to talk to you today"といった表現を使うことで，感謝の気持ちを伝えることができます．

できるだけ聞いている人の方に体を向けて，「開いた」状態で話しましょう．腕や足を組んだり，顔をもとに向けて机の上ばかり見たりしてはいけません．そんな発表の仕方では，相手が怖くて自分を「守っている」という印象を与えてしまいます．

気持ちのうえで親しみやすい雰囲気を醸し出すために，カフェやバーに座って友達にプレゼンの話をしている自分の姿を想像してみてください．

☐ **6.4.3　できるだけ聞き手に顔を向けよう．** スクリーンをポインタで指している場合を除けば，常に聞いている人のほうに顔を向けましょう．相手と心を通じ合わせる一番単刀直入な方法はアイコンタクトです．床や壁を見てはいけません．

人の目を見るのが落ち着かないと思ったら，相手の鼻を見るようにしてみよう．相手には顔と鼻のどっちを見ているのかなんてわからないね！

☐ **6.4.4　熱意を込めよう．** 聞いている人に，自分の研究についてどう思っているのかを伝えましょう．自分がワクワクしていれば，プレゼンにも興味をもってもらえるでしょう．逆に退屈そうに話したり自信なさそうにふるまったりすれば，興味をもってもらえなくなります．元気よく発表してください！

いいプレゼンの一番大事なポイントは熱意だといってもいいくらいなんだ．英語を正しく使うことも大事だけど，熱意はもっと大事．元気を出して！

発表するときは，熱意を見せたほうがいいけど，大げさで芝居掛かったようなふるまいはしないほうがいいと思うよ．映画やテレビでセールスマンがプレゼンするシーンを見たことがあるでしょう．セールスマンが何か売りつけようとして，時にすごく大げさで芝居掛かったようなふるまいをすることがあるよね．忘れてはいけないのは，科学は合理的かつ客観的に真実を追求する学問でなければならないということ．だから，言葉遣いや態度もそれを反映したものであるべきなんだ．自分の研究をはっきりと説明する努力をするのは当然だけど，聞いている人が欲しくないものを売り込んではダメだよね．熱意を込めよう．でも熱意を込め過ぎてはダメ！

☐ 6.5　レーザーポインタを上手に使おう

☐ **6.5.1　スライドで聞き手が見るべき場所を指し示そう．** 聞いている人がどこを見るべきなのか，特にスライドの情報がとても多いときにはしっかりと教えてあげましょう．

> 聞いている人にどこを見たらいいか示すためにアニメーションを上手に使おう．例えば表示項目を1つずつ出したり，丸や四角でハイライトしたり，項目の色を変えたり，といったアニメーションをパワーポイント対応レーザーポインタで操作する方法なんかもあるよ．プレゼンが世界で一番上手な人たちはみんなこうした手法を使っていて，それで話をしている間も聞いている人にずっと顔を向け続けることができるんだ．そのためには準備時間と練習がたくさん必要だけど，時間に余裕があればやってみよう．そうすることでプロっぽく見えるよ！

☐ **6.5.2 聞き手がどこを見るべきか明らかであれば，指し示す必要はありません．** ポインタを使うのは，必要があるときだけにしましょう．例えば，プレゼンの演題を指し示す必要はありません．タイトルスライドでは，演題だけが唯一重要な情報ですから．

☐ **6.5.3 必要もないのにレーザーポインタを動かしてはいけません．** スライドの一部を指し示すときは，その部分を囲むように一度丸く動かすだけで十分です．話している間ずっと回し続けてはいけません．聞いている人は気が散ります．同じく，文字部分を指し示すときにすべての単語の「下をなぞる」のも気が散る原因になります．フレーズの左側の読み始めるべき場所を単に指し示すか，ハイライトしたい単語の下を指し示すだけにしましょう．話している間ポインタを動かさずにその文字部分の横側をずっと指し続けるのも OK です．緊張で手が震えるのも気が散る原因になります．手が震えていたら，ポインタを持っている手の肘を

もう一方の手で押さえて安定させましょう．模範プレゼンのビデオで花子さんもそうしています．

LET'S PRACTICE! 6.4~6.5

自分のプレゼンのスライドが数枚準備できたら，それを使って上記のステップを1つ1つ練習してみましょう．プレゼンがまだ完成していないなら，この模範プレゼンのPDFファイルをダウンロードし，印刷したり映写したりして練習に使ってみてください．

模範プレゼン

大事なポイントのチェックリストを以下に挙げておきます．練習しながら，または自分の発表練習のビデオを見ながらチェックを入れてください．

- ☐ 6.4.1　大きな声で話す
- ☐ 6.4.2　親しみやすくふるまう
- ☐ 6.4.3　聞き手に顔を向ける
- ☐ 6.4.4　熱意を込める
- ☐ 6.5　　レーザーポインタを上手に使う

☐ 6.6　質疑応答セッションで出てくる質問をちゃんと聞きとれるように，できるだけ前もってリスニングの練習を始めておこう

　多くの日本人学生にとって，英語における一番の弱点はリスニングでしょう．プレゼンは上手にやり遂げることができても，質疑応答セッションで出てくる質問をちゃんと聞きとって理解するのにとても苦労する可能性が高いのです．

　この問題をクリアするいい方法は，Webで利用できる科学的プレゼンや議論を使ってリスニングの練習をすることです．**TED Talks**（www.ted.com/talks）は，ほとんどのプレゼンに日本語訳がついているので，リスニングの練習に最適なウェブサイトです．プレゼンの全原稿を日本語と英語の両方で読むことができて，字幕をどちらの言語にも設定することもできます．リスニングを一番速く上達させるには，自分の研究にできるだけ近い分野のプレゼンを見つけて，それを3回は繰り返し聞くことをお勧めします．最初は意味を理解するために日本語の字幕で，2回目は英語の語彙をチェックするために英語の字幕で，3回目に英語の語彙を本当に全部聞きとれるか確かめるために字幕なしで．1つ1つのプレゼンは約20分の長さなので，1時間あればそのプレゼンをだいたい理解することができるはずです．毎日約1時間のリスニング練習を数カ月間続ければ，すごく上達すること間違いなしです．

　Webでは科学に関するpodcastも手に入れることができます．原稿がついているpodcastを必ず聞くようにしましょう．そうすれば，自信がない語彙を確認することができます．

6.7 質疑応答で聞かれそうな質問を前もって想定しておこう

6.7.1 聞かれそうな質問のリストをつくっておこう. どんな質問が出そうか，指導教員や研究室仲間に相談しておきましょう．

6.7.2 練習のため，同じ研究グループの仲間に質問してもらおう. 答えに苦労するようなら，練習セッションが終わった後でもっといい答えを考えてみましょう．

6.7.3 時間に余裕があれば，想定質問に答えるための補足スライドを準備しておこう. この方法は，できるだけはっきりと答えるのに役立ちます．特に，方法や結果の補足説明スライドはとても便利です．

6.8 質疑応答「サバイバル術」を練習しよう

質疑応答はプレゼンで一番難しいパートだと言っても過言ではありません．誰にとっても難しく，それは経験豊富で英語ネイティブスピーカーの研究者にとっても同じです．少なくとも必要最小限の質疑応答「サバイバル術」を確実に身につけておきましょう．

6.8.1 質問を正確に理解したかどうか，確かめよう. さもないと，ちゃんと答えることは不可能です！　それを確かめるには，3つのステップがあります．はじめから自信をもって理解したと思うなら，ステップ3に進んでください．では，"Could you tell me how X affected Y?" という質問が出たと想像してみましょう．質問に答えるときに，以下のス

テップに従ってみてください．

1 ステップ 1

相手の質問がよくわからないときは，"Sorry, could you say that again, please?" と聞き返そう．聞きとりやすくするために，ほぼ間違いなく質問者は同じ質問をゆっくりと，はっきりと繰り返してくれるでしょう．

> 多くの日本人学生は"もう一度お願いします"を英語で言うとき，文字通りに"One more time, please"と言ってしまうようだけど，英語ではそんな言い方はしないし，ちょっと失礼に聞こえるから気をつけてね．一番短くて（それなりに）丁寧な英語表現は"Sorry?"なんだ．これは日本語の「はい？」とほぼ同じと思っていいよ．最低でも，この言葉は確実に暗記しておこうね！

2 ステップ 2

それでもまだ質問が理解できないときは，"Sorry, could you simplify your question a little, please?" と言ってみよう．たぶんそうすると質問者はもっと簡単な文法と語彙を使って同じ質問を言い換えて聞き直してくれるでしょう．

3 ステップ 3

質問を理解したことを確かめるために，自分の言葉で言い換えて質問を繰り返してみよう．"So your question is: How did X affect Y?" 相手が"Yes"と言えば，答える準備OKです．

☐ **6.8.2　3秒以内に質問に答えはじめよう．**英語文化圏では，沈黙は人を落ち着かない気分にさせるので，数秒以上黙って考え込んではいけません．考える時間を少し稼ぐために，"Hmmm, that's a good question!"というお決まりのジョークを言ってもいいでしょう．でも，そう言ってから3秒以内には質問に答えはじめましょう．

☐ **6.8.3　頭のなかで日本語を英語に翻訳するなら，まず答えを簡単な日本語で考えて，それから簡単な英語に翻訳しよう．**皆さんは日本語のネイティブスピーカーなので，科学について複雑な日本語を使って考えることに慣れているはずです．でも，それを複雑な英語に翻訳するのはたぶん無理でしょう．まず答えを簡単な日本語で考えることで，既によく使いこなせるようになっている英語の語彙と文法を選ぶことが簡単になります．

☐ **6.8.4　自分の意見を支える証拠の確実さをはっきりさせよう．**下の3つの基本的な文章パターンを覚えましょう．

強い：**We (already/now) know that** X affects Y.
中間：**We think that** X affects Y.
弱い：**We think that** X **may** affect Y.

☐ **6.8.5　短時間で答えるのが難し過ぎる質問だったら，後で議論することを提案しよう．**普通，質疑応答セッションは数分しか時間がないので，意識して答えは短くしましょう．科学的内容がとても複雑だった場合 "The answer is a little complicated" と言ってみてください．そして自分の考えを本当に英語で説明することができない場合，"Sorry, my English isn't good enough to explain this clearly. Can we talk about this after the

session?" と言ってもいいでしょう．

でも，少なくとも1度は答える努力を見せるよう常に意識してね．すぐに "Sorry, my English isn't good enough" と言って逃げようとしてはダメ．

☐ **6.8.6　本当に答えがわからなければ，正直にそう言おう．** 科学はとても複雑なので，ある質問に対して答えがわからなくても恥ずかしがることはありません．答えがわからなければ，"That's an interesting question, but we haven't studied that yet" や "That's an interesting question, but I'm not sure" とだけ言いましょう（知ったかぶりをしては絶対にいけません．科学において真実を話すことが一番基本となる価値基準なのです．とにかく正直でいることが肝心です）．

知ったかぶりをしたり，適当にでっち上げたりするのは絶対にダメ．そのテーマについて詳しく知っている人が発表会場にいて，間違いであることを指摘されるリスクを考えてみて．科学者にとって真実を話すことは，何よりも大事な基本中の基本なんだ．本当は知らないのに知ったかぶりをすることが，とても悪いことだということはわかるよね．とにかく正直に話そう．

- [ ] **6.8.7　質問に答えるときは，スクリーンではなく質問者のほうに顔を向けよう．** 演者はプレゼンのときにスクリーンをずっと見ているので，多くの学生は誰かの質問に答えるときもスクリーンのほうを見続けてしまいます．しかし，質疑応答は 1 対 1 の会話なので，普通の会話と全く同じように，答えるときは質問者のほうに顔を向けましょう．

- [ ] **6.8.8　質問者が答えに満足しているか，ちゃんと確かめよう．** 答え終わった後で，質問者が "OK, thank you" のような発言をしなければ，"Does that answer your question?" と聞いてみましょう．

- [ ] **6.8.9　質問者に感謝の気持ちを伝えよう．** 最初に，"Thank you for your question" と言って感謝の気持ちを伝えてもよいでしょう．最後には，忘れずに "Thank you very much" と言いましょう．

□ 6.9　自分自身を上手にプレゼンしよう

　プレゼンをするときというのは，自分の研究だけではなく，実は自分自身もプレゼンしているのです．確実にいい印象を与えるようにしましょう．

- [ ] **6.9.1　自己ベストの見た目で臨もう．** きちんと散髪して，お風呂にも入って，きれいな服を着て会場に行きましょう．

- [ ] **6.9.2　場に相応しい洋服を着て行こう．** 日本や他のアジア諸国では，学生は制服や簡素な黒い「リクルート」スーツに白シャツを学会によく着て行きます．多くの西洋諸国では，ジーンズやポロシャツといったカジュアルな洋服をよく着ます．その国の習慣に自信がなければ，迷ったらカ

ジュアル過ぎるよりは少しフォーマル寄りの服を選ぶほうが常にいいでしょう．目的の会合にはまずスーツを着て行き，周りの人が皆カジュアルな服を着ていたら，上着を脱いでネクタイを外し，袖をまくり上げて対応してください．

ベストを尽くして！　この本に書いてあるやり方を守っていれば，プレゼンを上手にできると思うよ．練習すればするほど，ますます自信がついてきて，プレゼンのための表現力もどんどん向上するはず．ただ緊張し過ぎないようにね．完璧なプレゼンをする必要はないから．みんながネイティブスピーカーじゃないことは見たらすぐにわかるので，周りが助けてくれて，プレゼンが上手くいくことを祈ってくれるはず．自信をもって活き活き話して！　英語がそれほど上手でなくても，みんなの熱意が伝わって，プレゼンに興味をもってもらえると思うよ．Good luck!

詳しい情報
プレゼンのための表現力と質疑応答についてのもっと詳しい情報は『日本人研究者のための絶対できる英語プレゼンテーション』に書いてあります．トピックは，緊張をほぐす・英語のプレゼンでよく使われているジェスチャー・難しい質問に対処する，などです．

付 録

モデルプレゼンのスクリプト全文

| 動画 ▶ | スライド（カラー版）▶ | スクリプト全文（日本語訳付）▶ |

※太字の意味は p64 参照
※動画中のプレゼン内容とスクリプトが必ずしも一致しない箇所がありますが予めご了承ください

Chairperson: Good afternoon. Thank you all very much for coming to this session. I'm the chairperson, Yusuke Hirai. Our first speaker is Hanako Hashimoto from the University of Shizuoka. The title of her presentation is 'The "three-second rule" is not true'. Dr./Mr./Ms. Hashimoto, please begin.

・・・

Speaker: Thank you very much, Dr./Mr./Ms. Hirai. **Good afternoon. I'm very happy to have a chance to** tell you about **our recent study, which showed that** the well-known "three-second rule" is not true.

The "three-second rule" is well known in Japanese popular culture. It's the idea that, if you drop some food on the floor, it's still safe to eat it if you pick it up within three seconds, because the germs don't have time to get onto it. But we wanted to know, "Is it true?" Does something like this really happen?

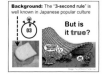

p15 からきた人はここからが続き

When we did a web search, we were surprised to find out that research had previously been done on this topic. Research in the U.S. on the "five-second rule" showed that the rule is not true. It seems that Americans let their food sit on the floor for two seconds longer than we Japanese do.

Maybe our germs are faster than theirs!

Actually, the first research on this topic was done by a high school student in Chicago called Jillian Clarke, who investigated it in a summer internship at the University of Illinois. Experimenting with gummy bears and fudge-striped cookies on tile flooring, she and her collaborators found that "microorganisms can be transferred from ceramic tile to food in five seconds or less". So she proved that the rule isn't true.

And the scientific community was so impressed with her work that she got the Ig Nobel Prize for Public Health! As you may know, the Ig Nobel Prize is given for slightly unusual research that "makes people laugh, then think." Her work certainly did both!

After that, a more detailed study of the topic was published in the Journal of Applied Microbiology. This study checked how much bacteria was transferred to baloney and bread from carpet, tile, and wood. It also found that a lot of bacteria was transferred in five seconds. But it also found another interesting thing: Depending on the amount of bacteria present, the longer the contact time with the flooring, the more bacteria were transferred to the food. More salmonella bacteria were transferred to baloney and bread in thirty and sixty seconds than in five seconds. And the study also found that much less bacteria was transferred from carpet than from tile or wood. So we wondered: If five seconds is safer than thirty seconds, could the Japanese standard of three seconds be even safer? And, as we're Japanese, we also wanted to know if tatami mats could be even safer than carpeting!

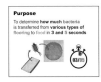

So the purpose of this study was to determine how much bacteria is transferred from various types of flooring to food in three and five seconds.

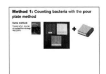

This is the method that we used. It's the same method that Dawson's group used in the Journal of Applied Microbiology – counting bacteria with what we call the "pour plate" method.

First, we checked to see how much bacteria survives on each kind of flooring.

We sterilized each piece of flooring by heating it in an autoclave, then spread a fixed amount of salmonella bacteria on it, then incubated it for eight hours. After that, we rinsed the flooring in a sterilized bag with a fixed amount of water, then serially diluted the water, pouring it into petri dishes with growth medium. After that, we incubated the plates for forty-eight hours, then counted the number of bacterial colonies that had grown in the plates.

Second, we repeated the same process to see how much bacteria was transferred from the flooring to the baloney. This time, we applied a baloney slice to flooring with bacteria on it for three or five seconds, then rinsed the baloney in the water, poured the water into the plates, then incubated and counted the bacteria. Finally, we calculated the percentage of bacteria that was transferred from the flooring to the baloney.

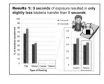

And these are the results. We found that three seconds of exposure resulted in only slightly less bacteria transfer than five seconds, for all of the types of flooring, including tatami, which, unfortunately, was almost the same as carpet. So the next time you drop your onigiri on your grandma's zashiki, please don't eat it!

So **this experiment suggested that** both the "five-second rule" and the "three-second rule" are wrong. It also suggested that tatami and carpet are safer than tile and wood, but still not safe. This laboratory test made us wonder "How dangerous is dropping food on the floor in the real world?" So we decided to check how much bacteria would be transferred from the floors in our own university. And we compared that to the amount of bacteria on unwashed hands. It's well known that eating without washing your hands can make you very sick. **This is the method** we used. We used the same kind of baloney slices that we used in the previous experiment, and applied them for three seconds to floors in various locations in our university, and to unwashed, and washed, hands. Then we counted the bacteria using the same method that we used previously.

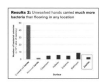

And these are the results. We found that unwashed hands carried much more bacteria than flooring in any location. And this time too, we found that the tatami mat flooring of the zashiki transferred less bacteria than the other kinds of flooring. But every kind of flooring had more bacteria than washed hands.

So, this experiment showed that eating food with unwashed hands is more dangerous than eating food from the floor! And it also confirmed the fact that handwashing is very important for avoiding infection. And these two experiments also gave us an idea for future research. The next thing we want to find out is "Why do carpet and tatami transfer so much less bacteria?" We wonder if they might be less friendly to bacteria, or if they have less contact area with food. We're working on that now.

So, in conclusion, in this study we've found that both the "five-second rule" and the "three-second rule" are wrong; that tatami and carpet are safer than tile and wood, but still not safe; and that unwashed hands can carry much more bacteria than flooring. The key finding of our study is that the "three-second rule" is not true. So, eat that onigiri at your own risk! But please wash your hands first! **Thank you very much.**

. . .

Chairperson: Thank you very much, Ms. Hashimoto. This presentation is now open for discussion. Does anyone have any questions or comments? Yes.

Questioner 1: Thank you very much for a very interesting presentation. I was very interested to see that so much less bacteria was transferred from some surfaces than from others. You said that that may be due to an inhospitable environment or simply to contact time. Which do you think is more likely, and why?

Speaker: Sorry, **could you repeat your question please**?

Q1: Sure. You said that less bacteria being transferred from carpet and tatami could be due to a less hospitable environment or simply to contact time. Which do you think is more likely?

S: Sorry, my English isn't so good. **Could you simplify your question a little please**?

Q1: Sure. You found that less bacteria was transferred from carpet and tatami than tile and wood, right?

S: Right.

Q1: Do you think that's because of a less friendly environment on the flooring, or just because of contact area?

S: So your question is: Why do we think less bacteria was transferred from carpet and tatami -- because of a less friendly environment, or because of less contact area?

Q1: That's right.

S: OK, I see. Thank you for your question.

S: Like I said, **we think** there **may** be two reasons that less bacteria is transferred from carpet and tatami. It may be because of some chemical properties they have which don't allow the bacteria to be easily transferred from them, but it's hard to think of what those properties might be. **We think** it's more likely that it's just because of contact area. Both carpet and tatami are bumpy, so the baloney contacts a smaller surface area, and less bacteria is transferred. But we want to check both possibilities, so we're working on that now.

Q1: OK, thank you.

S: Thank you.

Chairperson: Any other questions? Yes.

Questioner 2: I'd like to ask about your method. I didn't understand how you decided which petri dish of bacteria to count. Could you tell me a little more about that?

S: Sure.

S: The method that **we used is called the "pour plate" method**. We need to be able to count the number of bacterial colonies in a petri dish, so we dilute the water containing the bacteria again and again at one-tenth the previous dilution. Then we pour each dilution into a plate with culture medium, and incubate all of the plates. After forty-eight hours, each bacteria has grown into a colony. To make it easy to count but still accurate, we chose the plate that has between twenty-five and two-hundred and fifty colonies. We count the number of colonies, then multiply that number by the degree of dilution, which gives us the number of bacteria that was in the original sample.

Q2: I see. That's a very elegant method. Thank you.

S: Thank you.

Chairperson: Unfortunately, we're out of time, so we have to finish there. Thank you very much, Ms. Hashimoto.

S: Thank you very much.

索引

欧文

LET'S PRACTICE!
……………27・33・61・62・81
　　　　　　85・94・97・109
Model presentation …………… 10
Slides …………………………… 34
Speaking ……………………… 86
Speed Check ………………… 17
Stage …………………………… 103
Story ……………………… 24・76
SVO ………………… 39・43・49・63
This is X ………………………… 70
To ＋ 動詞……………………… 36
Web 上の情報源 ……………… 62
Word の音声合成読み上げ機能… 90

和文

【あ行】

挨拶 ……………………………… 66
アクセント ………………… 90・97
新しい情報 ……………………… 98
アニメーション ………………… 31
新たな知見の要約 ……………… 43
暗記 ………………… 91・102・103
1 文でまとめよう ……………… 43
イメージ ………………………… 28
イラスト ………………… 36・44・46
いろいろな物事の間の違いを
　際立たせる単語 ……………… 99

引用……………………………… 49
英文の文法 ……………………… 62
大きな声 ………………………… 105
大きめのフォントサイズ ……… 89
同じ項目 ………………………… 39
覚えやすく ……………………… 28
主な知見の要約 ………………… 74

【か行】

概念 ………………………… 28・29
科学の問題 ……………………… 26
科学プレゼン …………………… 24
「書き言葉」表現 ……………… 58
鍵となる項目 ……………… 83・84
学術論文 ………………………… 58
可視化しよう …………………… 28
画像 ………………………… 48・83
カラー ……………… 29・38・39・53
感謝 ……………………………… 65
簡単なスタイル ………………… 55
簡単な繋ぎの言葉 ………… 59・67
簡単な日本語 …………………… 61
簡単な文法 ……………………… 60
聞き手 …………………………… 47
聞き手がある単語の意味を
　知らないと思われる場合 …… 67
技法の名称 ……………………… 70
基本チェックリスト …………… 17
基本的な要素 …………………… 24
強調 ……………………………… 66
興味 ……………………………… 31
区別しやすく …………………… 28
グラフ …………………………… 37
結果スライド ……… 36・43・71
結論スライド ……… 42・45・74

123

結論をわかりやすく……………44	所属………………………………45
研究グループのメンバー…………31	調べておこう……………………76
研究チーム全員の名前……………45	筋書き…………………………24・76
研究の目的…………………………35	スピードチェック………………17
原稿…………………………………55	スライド…………………………34
原稿の書式…………………………87	スライドの種類…………………56
「現実性」をもたせる……………82	スライドのタイトル…………39・46
考察スライド……………41・43・66	スライドのデザイン……………50
考察文………………………………73	先行研究…………………………49
項目の間の繋がりを明示…………38	全体を通しての結論…………43・74
項目の意味…………………………38	専門家ではない人に対して…16・78
コピペ	専門的な科学用語………………92
………43・45・63・67・69・	
70・71・73・74	

―――――【た行】―――――

	タイトル…………………………49
―――――【さ行】―――――	タイトルスライド……………44・65
サイエンス和英辞書………………62	第2アクセント…………………91
指し示すとき……………59・71・107	単語の発音……………………86・90
座長…………………………………65	短時間で答えるのが難し過ぎる
時間を節約…………………………71	質問だったら…………………113
質疑応答………………… 103・110	使った技法の名称とその目的……46
質疑応答「サバイバル術」……111	デザインをチェック……………50
実験経過の説明……………………31	データ…………………………37・39
実験結果と一般的原理の区別……63	動画……………………………31・48
実験結果の意味と重要性…………41	動詞の時制…………………………63
質問………………………… 110・111	登場人物………………………28・30
質問形式で要約……………………50	どんな人…………………………76
社会全体の問題……………………26	
写真………………………31・36・46	―――――【な・は行】―――――
視野を広げて関連付け……………26	なぜ聞く価値があるのか…………48
出典を明記…………………………49	名前…………………………………45
受動態………………………………59	慣れない間は……………………64
順番…………………………………34	能動態…………………………59・70
使用した材料………………………46	背景スライド……………47・48・66
情報源………………………………57	背景スライドの最後ならば………50

背景説明の情報量……………… 78
発音………………… 86・91・97
話しかける相手………………… 76
話の構成を示す単語…………… 99
場に相応しい洋服……………… 115
ビジュアルな形式……………… 37
ビデオ…………………… 104
人の立場に自分を置いてみよう… 47
比喩……………………………… 84
表現力…………………… 103
複数のスライド………………… 29
物体………………………28・29
プレゼンする場………………… 76
プレゼンのタイトル………45・66
プレゼンの特徴………………… 10
プレゼンのパート間の区切り…… 56
文章形式……… 36・43・63・67
文章形式タイトル…………40・45
文章の強調単語………………… 86
方法スライド………………46・70
他の要約文……………………… 63
補足スライド………………… 111
本当に答えがわからなければ… 114

―――【ま・や・わ行】―――

マーク……………………90・91
まず日本語で書いてから英語に
　翻訳するなら………………… 61
見た目…………………………… 115
短い繋ぎの言葉……………59・67
短い表現……………………55・69
短い文章で要約……………39・49
見やすく………………………… 51
明示……………………………… 57
名詞句スタイル……………40・45

目的………………………36・69
目的スライド……………… 35・69
模式図…………………………… 44
模範プレゼン…………………… 10
予習……………………………… 17
読みやすいテキスト…………… 52
読みやすいフォント…………… 89
ラベル…………………………… 37
リスニング……………………… 110
レーザーポインタ…………59・71
練習……………… 104・110・111
笑い……………………………… 32
割り当て………………………… 29

著者プロフィール

ホーク・フィリップ（Philip Hawke）
静岡県立大学薬学部准教授

1995年トロント大学（カナダ）英語教育教員養成課程修了，1996年トロント大学社会学部卒業，2006年サリー大学（英国）大学院言語学研究科修士課程修了．1996年に来日後，静岡県教育委員会外国語指導講師，静岡県立大学国際関係学部外国語指導助手を経て，2008年より静岡県立大学生活健康科学研究科・薬学研究科（グローバルCOEプログラム）特任准教授，2012年より静岡県立大学薬学部 講師，2017年より現職．
学生には国際的な舞台で活動できる言語力や専門技術だけでなく，生涯に渡って自主的に学習し続けるための自己評価力の習得法を指導している．また，これまでの研究と教育をもとに，科学者の英語スキルを，少ない努力で・短時間に・最大限に改善する，その手助けとなる教材開発に情熱を燃やしている．

太田 敏郎（Toshiro Ohta）
静岡県立大学大学院食品栄養環境科学研究院助教

1988年東京大学理学部生物学科卒業，1993年東京大学大学院理学系研究科植物学専攻博士課程修了（博士（理学））．その後，日本学術振興会特別研究員（PD）期間中も含めて約2年半の米国留学（University of Minnesota）を経て，1996年に静岡県立大学に着任し，現在に至る．
主に細胞生物学の手法を用いた研究を遂行する一方で，ポスドク時代の2年半に加えて子供時代に2年間の渡米経験（New Yorkの公立小学校に通学）もあることなどから，静岡県立大学で科学英語の講義を複数担当している．TOEICスコアは990点を取得．日本人として大学において習得すべき英語のレベルや学習項目を見極めたうえで，日本語と英語の言語観の違いを学生に明確に意識させ，学生自身が日本語で考えて納得できる英語教育を施すことを心がけている．

はじめてでもできてしまう科学英語プレゼン

"5S"を学んで，いざ発表本番へ

2018年12月15日 第1刷発行	著　者	Philip Hawke，太田敏郎
	発行人	一戸裕子
	発行所	株式会社 羊　土　社
		〒101-0052
		東京都千代田区神田小川町2-5-1
		TEL　03（5282）1211
		FAX　03（5282）1212
		E-mail　eigyo@yodosha.co.jp
		URL　www.yodosha.co.jp/
ⓒ YODOSHA CO., LTD. 2018	装幀・本文デザイン	株式会社 サンビジネス
Printed in Japan	印刷所	株式会社 平河工業社
ISBN978-4-7581-0850-8		

本書に掲載する著作物の複製権，上映権，譲渡権，公衆送信権（送信可能化権を含む）は（株）羊土社が保有します．
本書を無断で複製する行為（コピー，スキャン，デジタルデータ化など）は，著作権法上での限られた例外（「私的使用のための複製」など）を除き禁じられています．研究活動，診療を含み業務上使用する目的で上記の行為を行うことは大学，病院，企業などにおける内部的な利用であっても，私的使用には該当せず，違法です．また私的使用のためであっても，代行業者等の第三者に依頼して上記の行為を行うことは違法となります．

JCOPY ＜（社）出版者著作権管理機構　委託出版物＞
本書の無断複写は著作権法上での例外を除き禁じられています．複写される場合は，そのつど事前に，（社）出版者著作権管理機構（TEL 03-5244-5088，FAX 03-5244-5089，e-mail：info@jcopy.or.jp）の許諾を得てください．

現場から支持され続けるロングセラー

日本人研究者のための
絶対できる
英語プレゼンテーション

Philip Hawke, Robert F. Witter／著
福田忍／訳　伊藤健太郎／協力

■ 定価(本体 3,600円＋税)　■ B5判
■ 207頁　■ ISBN 978-4-7581-0842-3

特徴

- 本書で基礎はバッチリになったアナタへ！もう一段階クオリティを上げるために，より自然なプレゼンのために，より深くニュアンスを操るために．医学系学会，生命科学系学会で売れつづける定番の指南本．
- ノンネイティブスピーカー向けに，チェックリストや英文例，25もの発展的情報も収録し，自信をもって世界に発信するスキルが身につく！

目次

Checklist　9	Chapter 4　非言語コミュニケーション　99
Chapter 1　スクリプトの作成　15	A外見　B緊張感　Cオープンコミュニケーションスペース
A構成　B語彙　C文法	Dオーディエンスとの交流　E身振り
	Fレーザーポインターの使用
Chapter 2　スライドデザイン　49	
A適切な視覚補助　B見やすさ　Cできる限りシンプルに	Chapter 5　質疑応答セッション　119
D意味を明確にするための画面構成　Eバランスのよい配置	A事前にできる対策
F文献　Gテキストを読みやすく	B質問者との基本的なインターアクション
	C難題
Chapter 3　言語によるコミュニケーション　67	
A全般的な話の調子　B音量　C速度　D単語の発音	Appendix　133
E強調　Fイントネーション　G間を置く	

詳しい目次はこちら

発行　羊土社 YODOSHA
〒101-0052 東京都千代田区神田小川町2-5-1　TEL 03(5282)1211　FAX 03(5282)1212
E-mail : eigyo@yodosha.co.jp
URL : www.yodosha.co.jp/

ご注文は最寄りの書店，または小社営業部まで